2024

名酒拍卖年鉴

Fine & Rare Wines Auction Yearbook 2024

郝建军 主编

中国出版集团
现代出版社

图书在版编目（CIP）数据

2024名酒拍卖年鉴 / 郝建军主编. -- 北京 : 现代出版社, 2024.3

ISBN 978-7-5231-0786-7

Ⅰ. ①2… Ⅱ. ①郝… Ⅲ. ①酒－拍卖－价格－中国－2024－年鉴 Ⅳ. ①F746.87-54

中国国家版本馆CIP数据核字(2024)第027370号

主　　编　郝建军
责任编辑　赵海燕　朱文婷

出 版 人　乔先彪
出版发行　现代出版社
地　　址　北京市安定门外安华里504号
邮政编码　100011
电　　话　(010) 64267325
传　　真　(010) 64245264
网　　址　www.1980xd.com
印　　刷　北京新华印刷有限公司
开　　本　710mm×1000mm　1/16
印　　张　25
字　　数　307千
版　　次　2024年3月第1版　2024年3月第1次印刷
书　　号　ISBN 978-7-5231-0786-7
定　　价　368.00元

总 策 划

王晓文

主　　编

郝建军

编　　委

（按姓氏拼音排序）

丁　宁　顾海林　国建立　焦佳琪　林敏钿

刘剑锋　刘晓伟　刘雪清　刘云鹏　马彦彪

任振飞　宋　磊　王　涛　徐　磊　徐　显

余洪山　曾　宇　张跃飞　赵　禹

支持单位

中国酒类流通协会收藏与市场专业委员会

中国拍卖行业协会文化艺术品拍卖专业委员会

序　一

在时间长河中品味老酒价值

王新国 / 中国酒类流通协会会长

刘员 / 中国酒类流通协会常务副会长、

中国酒类流通协会收藏与市场专业委员会会长

白酒是中国文化的重要组成部分，是中国人生活中不可缺少的物质和精神要素。在悠远的历史长河中，酒文化潜藏于帝王将相的豪迈故事，深植于文人墨客的动人诗篇，印刻于江湖儿女的侠骨柔情。可以说没有酒的话，许多我们耳熟能详的人和事都将失去光彩。同时，与精神层面相对应，酒在物质层面也蕴藏着丰厚的价值，水、粮、窖、法、藏等要素给中国白酒增添了产区价值、工艺价值、大师价值、时间价值……其中，老酒兼具饮用价值和收藏、投资价值，更受到人们的青睐。大家都知道“酒是陈的香”，老酒尤其是老名酒市场已经爆发，正在成为酒业一条异军突起的新赛道。

中国老酒市场发展概览

中国老酒市场的成形，可追溯到20世纪90年代末。当时全国第五届评酒会召开以及国家放开白酒统购统销模式，街头小巷的烟酒回收店开始零散出现老酒的身影，小规模的老酒爱好者开始发掘老酒的饮用价值。

2008年前后，老酒行业进入发展期。随着互联网的发展，一批老酒交易网站开始出现，越来越多的酒文化爱好者开始注重老酒的文化特质、历史价值，这也催生了老酒拍卖的崛起与发展。2009年北京歌德拍卖有限公司率先推出了老酒拍卖专场，正式开启了中国陈年白酒的拍卖时代。

自2014年开始，茅台的崛起与其陈年老酒领跑的名酒价格开始不断上涨，消费者逐渐形成了老酒稀缺——“喝一瓶少一瓶”的概念，电商平台、拍卖平台、媒体、酒厂合力，成了老酒价格上涨的助推器。茅台酒最受拍卖市场青睐：1935年产赖茅于2011年拍出单瓶1072万元的天价；1992年产汉帝茅台于2014年拍出单瓶920万元高价。以茅台为代表的老酒价值已经可与高端书画、瓷器等收藏品比肩！

进入“十四五”新周期，中国经济迈入新阶段。根据国家统计局数据，2021年实现全年国内生产总值114.367亿元，比2020年增长8.1%，全国人均国内生产总值突破8万元，比2020年增长8.0%，中国如期全面建成小康社会。伴随着人民生活水平的进一步提高，中国酒业格局也发生了很大的变化，名酒品牌、老酒产品和酱香酒品类的火热，说明消费需求和市场资源正向稀缺资源集中。聚焦老酒市场，我们可以预见老酒市场将会在当前千亿元规模的基础上进一步扩容。

老酒市场健康发展重点工作

俗话说：盛世古董，乱世黄金。我们正处在中华民族伟大复兴的时代，老酒收藏也迎来了历史上最好的发展时期。中国酒类流通协会非常重视老酒市场的高质量健康发展，并着力在以下方面做好工作。

一、推动建立老酒鉴评标准体系

老酒市场健康发展的基础是老酒鉴评标准体系，借助专业鉴评人员，依托区块链、溯源码等科技手段，确保为市场中流通的老酒创造一个权威背书、专业认证、交易可控的正规环境，避免制假售假，净化老酒市场。

二、积极引导老酒市场氛围营造

老酒市场繁荣有序的氛围需要肥沃的“人群”土壤，也就是包括老酒爱好者、收藏者、从业者等在内的群体要有充足的人口数量。这就需要我们积极弘扬、普及老酒文化，培育更多老酒爱好者，来巩固夯实老酒市场底盘。

三、促进老酒专业交易平台建设引导消费者

老酒集饮用、投资、收藏属性于一身，在交易过程中既要保真，又要提供系列增值服务，因此专业老酒交易平台是市场承上启下的主体。而利用新零售模式，将老酒交易、文化体验、专业鉴定、存储服务等综合功能汇集于平台，将是老酒流通渠道发展的重要方向。

四、老酒文化的深度挖掘和创新表达

老酒背后蕴含着深厚的文化脉络，不仅是时间累积于酒体上的升华，也是不同历史阶段品牌成长的见证，更是酒文化沿袭发展的载体。通过老酒文化的深度挖掘和创新表达，利用短视频、直播等新媒体平台，将有利

于老酒文化的再造，促进老酒市场繁荣发展。

老酒市场的健康发展离不开政府、协会、厂家、商家以及广大消费者的共同努力，当然也离不开专家学者对老酒市场的专业研究和知识普及。随着越来越多的老酒爱好者进入老酒市场，为推动老酒文化传播，提升老酒爱好者的专业素养，为老酒消费者提供价值参考，这本《2024名酒拍卖年鉴》应运而生。《2024名酒拍卖年鉴》对中国嘉德、北京保利、永乐拍卖（北京）、中贸圣佳、北京荣宝、西泠印社、华艺国际（北京）等国内主流拍卖公司的白酒（以贵州茅台酒为主）、葡萄酒、威士忌等老名酒的拍卖情况进行系统的整理和展示，是名酒投资现状和名酒收藏价值的权威参考年鉴，也是名酒集中呈现的“纸上博物馆”，为名酒市场从业人员和爱好者提供了客观、翔实的投资指导信息。

希望《2024名酒拍卖年鉴》可以成为广大老酒文化爱好者、老酒收藏投资者学习精进、消费参考的“红宝书”。我们也衷心希望老酒市场能够助力中国酒业价值升级，成为中国酒业最具文化内涵和增长潜力的细分赛道，让我们共同品味时间长河中的老酒价值！

序　二

通过拍卖构建老酒流通及价值体系

余锦生

中国拍卖行业协会文化艺术品拍卖专业委员会秘书长

中国的酒文化博大精深，是民族文化瑰宝的一部分。酒作为一种特殊的物质文化载体，在人类社会的交往中拥有独特地位。2010年前后，老酒开始进入拍卖市场，中国嘉德、北京保利、西泠印社、北京永乐、中贸圣佳等一批拍卖公司纷纷开设老酒业务，甚至还有一些拍卖公司以老酒拍卖为主营业务。经过十余年的发展，老酒作为兼具消费品、收藏品和投资品的功能，已然成为我国酒类流通中一个重要的细分市场，也是艺术收藏品拍卖领域中的一个重要门类，据统计，上述五家拍卖公司2023年名酒拍卖成交额达2.21亿元。

拍卖是实现老酒价值的最优方式

拍卖作为一种古老而又新颖的交易方式，既能发现价值又能实现价值，因其“公开”“公平”“公正”的基本原则，在市场经济下的商品流通中发挥着不可替代的作用。老酒除了具备实用价值外，更重要的是稀缺价值、品牌价值、时间价值，甚至是社交价值、人文价值。这些因素决定了拍卖是实现老酒价值的最优方式，一方面是因为以公开竞价为形式，另一方面是以市场需求为导向，能够最大程度地发现老酒的市场价值，并且起到很强的宣传作用，这也是近年来老酒拍卖市场表现良好的内在原因。

规范是确保行业发展的基本前提

随着老酒自身市场的发展和消费者对老酒认知的深入，“专业化”“透明化”和“标准化”将是老酒行业发展的必由之路。下一步，老酒行业一要不断提升从业人员的职业道德、专业素养和执业形象；二要加快完善行业标准和业务规范，尤其是老酒鉴定标准和流程；三要通过科学技术，实现防伪溯源，保障消费者权益；四要加快建设行业诚信机制，开展从业人员及经营主体的信用评价。

文化是决定市场繁荣的灵魂所在

文化是一个行业繁荣并持续发展的源动力，老酒作为中国古典文化的重要元素之一，被赋予“液体文物”之美称，这里边蕴含着酿造技术、酒礼文化、酒具文化、酒标文化、品牌文化，以及与酒有关的年代记忆，风土人情、历史典故等丰富内涵。因此，老酒市场的灵活在于老酒文化，我们要加快构建老酒的文化价值体系，并且希望我们的每位从业者做一个老酒文化的守护者、传承者和推广者。

中国名酒市场是我国传统文化自信的重要体现，《2024名酒拍卖年鉴》为广大参与者提供了白酒、葡萄酒、威士忌等名酒在国内的拍卖行情和趋势研判，对名酒市场发展起到积极推动作用。相信中国名酒市场，潜力无限，未来可期！

凡　例

1.《2024名酒拍卖年鉴》旨在明晰中外名酒在2023年中国拍卖市场的成交价格，并集中呈现给名酒爱好者及收藏家。

2. 书中包含了中国白酒贵州茅台酒、道光廿五，罗曼尼·康帝（La Romanee-Conti）、柏图斯酒庄（Chateau Petrus）、拉菲（Château Lafite-Rothschild）、麦卡伦（Macallan）、波摩（Bowmore）、轻井泽（軽井泽ウイスキー）、三得利（サントリー）等其他世界名酒皆取图于国内五家一线拍卖企业。

3. 具体内容：拍品名称、生产年份、描述文字、酒精度、数量、容量、拍卖企业、拍卖时间、Lot号（拍品编号）、估价、成交价等均基于原拍卖公司官网数据，其中估价和成交价均以人民币为单位。书中有图片相同而名称略有区别的现象，谨忠实于原数据。

4. 书中第一部分为中国白酒，贵州茅台酒从1957年至2023年按年份排序，同一年份中依基本款、定制款、纪念款排列；第二部分为葡萄酒，按产区分序，顺序为法国勃艮第产区、法国波尔多产区、法国其他产区、法国香槟法定产区、意大利皮埃蒙特产区、意大利托斯卡纳产区、葡萄牙杜罗河谷、美国加州纳帕谷、中国香格里拉；第三部分为威士忌。

5. 书中上方书眉处有各酒的名称或生产年份，便于检索。

6. 如需查看更多图片资料和详细内容，请登录各家拍卖公司官网。

茅台酒外观鉴定笔记

朱　颜

江苏省收藏家协会酒类收藏委员会副会长、

中国酒类流通协会鉴定师培训老师、

中鉴名酒鉴定公司特聘专家

茅台酒是世界名酒，也是中国白酒中的瑰宝。茅台酒以其传承数百年的酿造工艺和独特的口感赢得了全球的赞誉。在国内头部拍卖企业名酒专场拍卖会上，年份、规格和包装不同的茅台酒品种很多、很全，而且每一品类的酒都独具特色，吸引无数爱酒之人的目光。

我是一名名酒鉴定师，每次在拍卖会上，我都会看到有买家对茅台酒的真伪和品质存在疑虑。我认识到茅台酒的真伪鉴别的重要性，然而，鉴别茅台酒并非易事，需要丰富的经验才能准确鉴定。

为了更好地鉴定茅台酒等中国名酒，我查阅了大量的相关书籍和资料，其中，根据《全国人民代表大会常务委员会关于司法鉴定管理问题的决定》类目，酒属于物证类鉴定。我曾参与制订了《陈年白酒收藏评价指标体系》团体标准。名酒鉴定师是具备专业知识的、受委托解决专门性问题的专业人员。按照物证类鉴定思路，我还编写了茅台酒等名酒标准化鉴定方法。这个方法被广泛应用在中国酒类流通协会、中国酒业收藏家协会名酒收藏专业委员会，以及中鉴盛世醇香（北京）鉴定技术服务有限公司等协会或企业组织的陈年白酒鉴定师培训课的教学和实际工作中，同时也获得了很多茅台名酒买家的好评和认可。

所以，鉴定酒是一项科学应用活动，只有真与伪之分，真伪必须有科学的鉴定依据，必须遵循客观规律、客观事实和科学定理等，且科学的鉴定结果，绝对不能出现“大概”“差不多”“或者”“可能”等模糊的用词。

综上所述，依据《陈年白酒收藏评价指标体系》开展的鉴定酒的活动是科学正确的。而这一团体标准体系的制订实施也具有深刻的意义，提高了酒类收藏爱好者对陈年白酒的评估鉴定能力，进一步规范了陈年白酒收藏市场交易行为，为酒经营企业开展各种商业活动提供了标准和保障。

茅台酒酿制技艺是国家级首批非物质文化遗产之一。同时，茅台酒是商品，是礼品，也是饮品，其单价高，涉及食品安全。在拍卖前，对于茅台酒要有一个开箱鉴定、检查、分类断代、鉴定真伪的工作流程。

酒品真伪的首要鉴定思路，即鉴定不可以二次利用的包装材料。此处指的材料有两点特征：一是有同时代技术壁垒；二是开瓶时易破损。

因此，其他如包装箱、包装盒、酒瓶、装箱单等可以二次利用的包装材料，只是标记了酒的属性、品类等，起到保护商品和说明书的作用。在一箱酒里能二次重复使用的包装材料，其在鉴定过程中能起到的作用很小，故不具鉴定作用。

那么，我们就要在不可以二次重复使用的包装材料上找到具有客观规律的鉴定依据，如果根据鉴定视角断代，茅台酒迄今发展到了第五代。我汇总了五代茅台酒的鉴定方法并逐一做介绍：

一、第一代封盖纸，1953—1965年

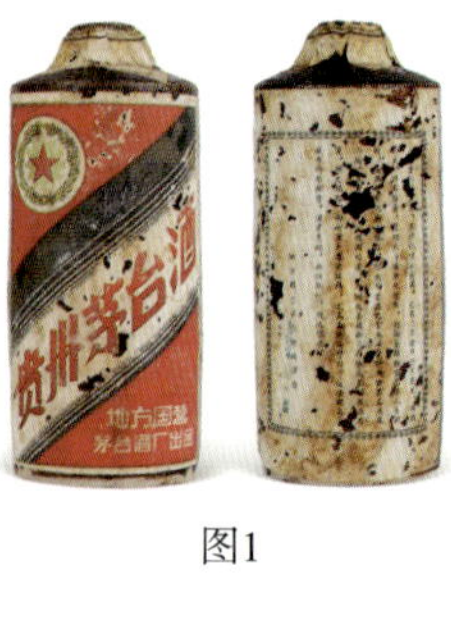

图1

图2

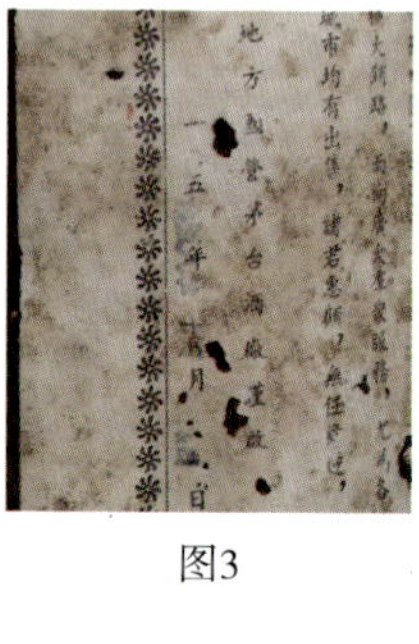
图3

图4

第一代的封盖纸：主要鉴定纸张的厚度、尺寸、油墨和纸张的特征，以及后期包浆自然浸润。封盖纸（图2）主体的“贵州”二字是一款艺术变形字，其笔画设计比例协调；周围麦穗的线条间距墨点清晰，横成排、竖成行，无粘连。这是专业设计师设计的图案。

对于酒瓶的鉴定，这个时期的酒瓶外观尺寸并不标准化，酒瓶也有烧制色差，手工制造的瓶容量也不精准，我考察到此类型瓶子在贵州民间很常见，一般制陶手工业者都可以制作。所以说此类酒瓶不具备防伪功能。

瓶子外贴上茅台酒商标才使酒有了更高的经济属性。商标（图3）是标准化印刷，采用竖版排字，字迹笔画清晰。文字排版边框是由8片花瓣组成的小花排列而成，花朵中心是空心的（图4）。同时，这也体现了茅台酒厂第一代茅台商标的微缩印刷防伪技术。

假“茅台酒”的封盖纸是用现代的纸张，且印刷模糊，花朵空心，字体也是印刷字体。一般来讲，只要鉴定纸张的年代和看字体就可以了。

二、第二代赛璐珞盖膜，1966—1986年

图5

图6

图7

图8

第二代仍然是在不可以重复使用的包装材料上找鉴定依据，鉴定此年份茅台酒，我们的经验是：鉴定瓶口上的膜。鉴别是过去老工艺还是现代工艺技术制造出的膜。

赛璐珞，又称赛璐璐，有多种颜色，这个时期的茅台酒主要有红色、紫色、淡黄、金色等异色膜，其中以中国红色膜占比最多。

赛璐珞是一种化合物，在过去老工艺中主要原料是硝化棉、丙酮、蓖麻油等。如今，这些原材料都是被严格管控的，其中硝化棉是一种危险化学品，在军事中常用以制造火药；丙酮是易制毒，常常被不法分子用来参与毒品的制造；蓖麻油也是一种重要的战略物资，在后来的包装中都不再使用它们了。而现在“假茅台”中所用的替代材料是造不出当年的品质和效果的（图9）。

所以我们要通晓老工艺膜的特征，以中国红色膜为例，在放大镜下观察，我们可以看到有化学反应时生成的气体而产生的麻坑，因硝化棉溶解后的残留杂质而形成的小疙瘩，蓖麻油的油性光泽，它们经过充分的化学反应后，使得封口厚薄均匀、表面平整。如果封口膜上有“茅台”二字，字的特征是笔画凸起处与膜有坡度过渡（图6）。

现代工艺技术制造出的赛璐珞盖膜是替代工艺，膜的颜色、材料的强度和因化学反应生成的气泡大小、气泡内的气体都不一样，根据这一鉴定方法，就可以辨别是否是老工艺膜，从而鉴定茅台酒的真伪。

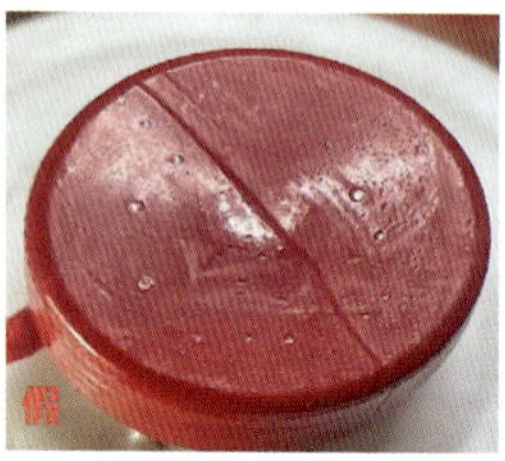

图9

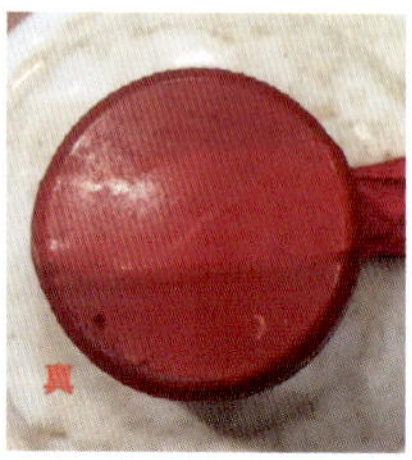

图10

三、第三代金属盖覆赛璐珞膜，1987—1996年

如图11的金属盖，是一种铝制防盗式扭断盖，相较于前一代瓶盖加膜的封口方式，铝制防盗式扭断盖更经久耐用，但是，以鉴定专业工作者的角度来讲，此盖有失败之处，防盗盖是不防盗的，因为铝金属是一种较软的轻金属，有一定的延展性。

此盖是冲压件，简单的鉴定方法就是记住一种瓶盖形状，检查瓶盖的精细尺

图11

图12

寸。这类瓶盖的防锈漆是中国红颜色且颜色均匀，防滑槽均匀且有饱满的螺旋纹，扭断封切口干净整齐，盖子下口压边力度统一，边沿与瓶口紧贴无缝隙。故此年份段茅台酒在收藏鉴定中，我们鉴定的重点就是确认是否撬盖作假。撬盖的主要特征是盖的下段边沿变形，然后观察是否掩饰变形，正常瓶盖的下段边沿是一条流线型，如果有掉漆且呈曲线即可以判断为撬盖（图15）。

真假对比如图：

图13

图14

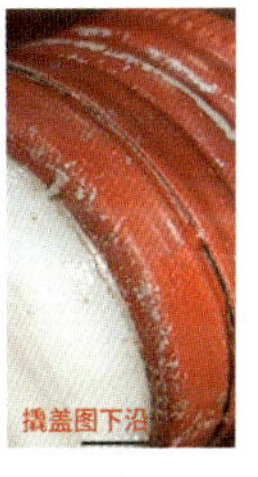

图15

后来，茅台酒厂在解决防撬上做了改进，用赛璐珞膜套在金属盖外，这种物理结合方法很成功，只要膜完整，真假鉴定方法等同于第二代赛璐珞膜的鉴定方法（图6）。

四、第四代防倒灌盖、防伪标签外加喷码，1997—2009年

20世纪90年代中后期，国内科技生产力水平发生了翻天覆地的变化，“引进来”和“走出去”是时代的主要潮流，当时因经济发展或政策改善停用并淘汰了大

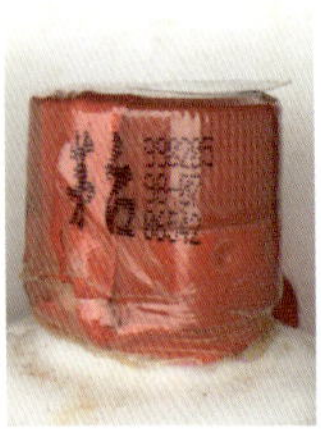

图16

图17

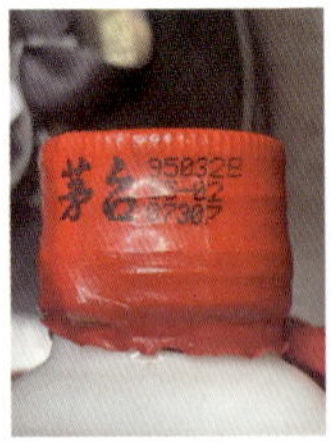

图18

图19

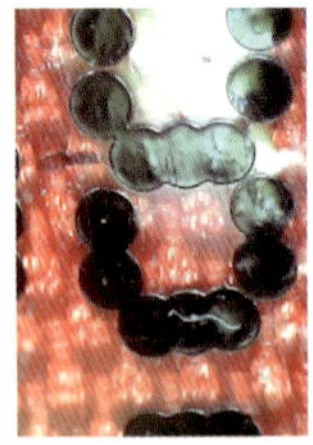

图20

批旧工艺、旧设备。与此同时，知识产权意识也初步建立及强化。

为维护品牌、保护产品版权，以及防止他人复制和造假，茅台酒厂积极推进科技防伪技术，包装生产工艺也得到了升级换代。从1995年2月21日起，在出厂酒瓶盖膜上，采用当时世界上最先进的德国喷码技术，在瓶帽膜侧打上码点为圆形组成的生产日期。从1996年8月19日开始，对500mL的这一系列茅台酒，使用了从意大利进口的一次性扭断且防倒灌的密封瓶盖，有效地防止了酒瓶的二次利用。从1997年12月10日开始，茅台酒厂采用了从美国进口的防伪标签防伪。

综上所述，此段时期的茅台酒的鉴定方法就是：1. 看生产日期的喷码圆不圆，生产日期是由一个个小圆点组成的（图21），如果不圆就是假的（图22）；2. 配件油漆工艺是否粗糙（图23），如果油漆不平、膜有刷痕就是假的（图24）。此方法简单有效。如下图：

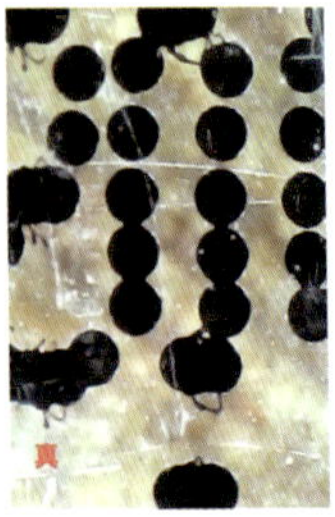

图21

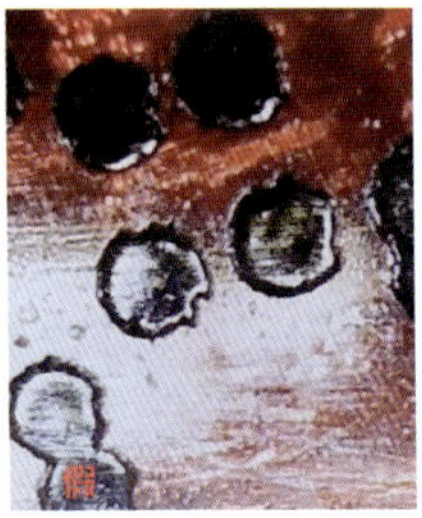

图22

图23

图24

而要注意的是，只有1995年2月21日至2009年2月23日的茅台酒才能用上述鉴定方法，因为如今生产技术又有了飞速的发展，单纯去看生产日期的图案是不是圆的，已经不能作为鉴定依据了。但是，批量假冒伪劣产品有个无法避免的规律叫作同质瑕疵，因为材料的供应商。茅台供应商只能给茅台一家供应指定的、规范的、标准化的包装材料，故造假者批量造假时的酒瓶、瓶盖、商标、飘带、酒盒、纸箱、打包的扎带等外包装材料，都是不标准的。在高级专业鉴定师鉴定时，很容易看出来区别。

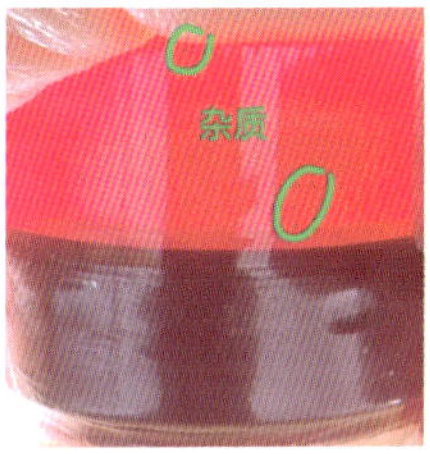

图25

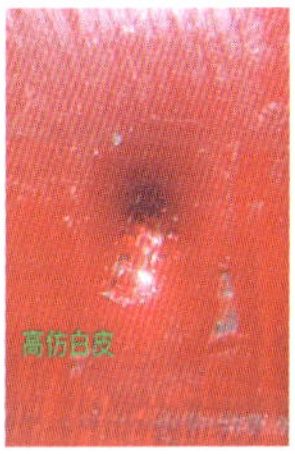

图26

图27

综上所述，从这些细节入手，我总结的鉴定依据是：1. 瓶盖子内部是否有杂质；2. 配件油漆是否有堆积；3. 赛璐珞膜是否透彻，印射时是否有明显刷痕。

五、第五代科技防伪膜，2009年以来

图28

科技防伪膜，顾名思义就是运用科学技术，打造技术壁垒以防止造假。

从2009年2月23日起，贵州茅台酒使用新的科技防伪包装，采用被称为

“3+2+1”的防伪胶套（图28），具有三项“二线防伪”、两项‘一线防伪’”和一项“特服密码”的顶级高科技技术。该项防伪技术曾获得过国家认证的专利技术20余项，是世界首创及茅台酒独家享有的技术。

关键词就是科技防伪。我们可以预见将来，也可能会用科学技术制造特殊的瓶帽来防伪，未来的白酒鉴定工作会越来越简单、方便。

作为一名鉴定师，我认为茅台这项顶级高科技的防伪技术没有夸张，甚至会觉得有些防伪过度。此款瓶帽设计涉及了物理光学、材料学、造币技术、工业制造等多个领域，造假者单个突破有之，但迄今为止，没有见过全部仿造成功的。

看到这里肯定会有人说我是不是把这项技术说得太夸张了，绝对没有。试想一下，你能找到造币级的变色油墨吗？瓶帽单位面积激光衍射颗粒做到最小且颗粒最多的有吗？瓶帽有多形的尺寸，要在热缩后再合模的吗？最后，试问如果有能力按照上述指标全部制造出来的企业，企业盈利方式还用靠造假茅台酒吗？

下面是可以辨认真假的图片鉴定技巧，分别为：瓶帽材料（图29），光学防伪（图30）、变色变光油墨（图31）、印刷材料和印刷技术（图32）、工业制造技术（图33）、集科技及工业制造与一体化（图34）。

图29

图30

图31

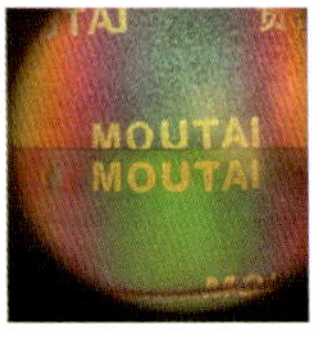

图32

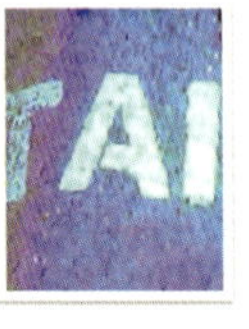

图33

图34

第五代科技防伪膜的鉴定要点就是造假者不能同时伪造所有防伪技术。

2023年10月16日起茅台酒在第五代科技防伪胶帽基础上做了升级。

一、可以不借助辅助工具的情况下用裸眼识别。在常规光照条件下转动酒瓶，胶帽上的“KWEICHOW”“MOUTAI”“贵州”“茅台”图案有动感跳跃效果。

图35

图36

图37

图38

二、更新了防伪溯源体系，在“i茅台App”官方程序中按提示可以找到茅台酒上对应的信息，从而得到鉴定真假。

图39

图40

另外，坊间流传一种说法，即不可以二次利用的瓶帽变成了可以二次利用的拔瓶帽头简称“拔头”。专业的鉴定师仅看图片就可以辨认出是否拔瓶帽头，简单讲就是“游泳圈”消失、瓶帽微变形。

拔瓶帽头的说法主要出现在2015—2023年，大致与流通领域的捡漏和坑同行学艺不精的话题相关。

自2009年2月23日起使用科技防伪膜，后来发现2009—2015年产的茅台酒的部分瓶帽生产时有工艺缺陷，瓶帽过度收缩后过分贴合瓶盖，导致瓶帽结合处容易炸帽开裂。

这段时间茅台酒价格飞涨，很多投资用户发现囤积收藏的部分茅台酒帽膜已经炸帽裂开了，失去了流通价值，以致引发了售后纠纷。遇此事件，茅台酒厂立即改变了瓶帽的生产工艺，做了宽松设计，在瓶帽下段部位，也就是颈部飘带处形成饱满的“游泳圈”（图34）。

宽松设计的瓶帽同样避免不了不法分子的投机取巧，他们使用工具将瓶帽微损伤拔下后再进行二次利用，这给终端消费者用酒及茅台收藏爱好者带来了很多困扰，所以茅台酒厂在2023年的二代防伪时做了重要防范。

鉴定要点是：2009—2015年产茅台酒瓶帽尺寸小，拔下后二次利用的成功率不高，体现为不合模，膜在沾胶水时外溢难固定，在紫外线灯照射下能检查出大部分胶水，瓶帽失去了原本的形状尺寸，瓶帽抱死。

2015年后期拔头二次利用的鉴定方法：瓶帽抱住盖子不能丝滑转动，“游泳圈”消失及变形空心化。

拔头多见的还有生肖茅台酒、年份茅台酒，比如15年，30年，50年，甚至80年。

生肖茅台酒的设计缺陷导致可以拔下瓶盖帽，暴力拔头是有缺陷的，比如瓶盖帽裂纹、变形等，只要异常都是假酒。

有一种是开水拔头，这种拔头瓶盖帽无损，但喷码损伤（图41）。另外，类似筒式柱形盖都可以开水拔头，甚至烤热形，记住，只要加热拔头都会留下痕迹（图42）。

图41

图42

如果年份酒拔头，年份酒瓶盖帽的结构多和瓶口拔完后不合模，则可以认定是拔头过的假酒。是不是听起来有些晕？其实很简单。关于年份酒鉴定，用一句话总结即可：看字里细节（图43）。这个细节关键在于工艺，自2022年2月茅台酒换代后没有见过造假者能完美造出来的。这套工艺要先投入近400万，而且不含辅助设备比如精密冲床和高温处理设备等。

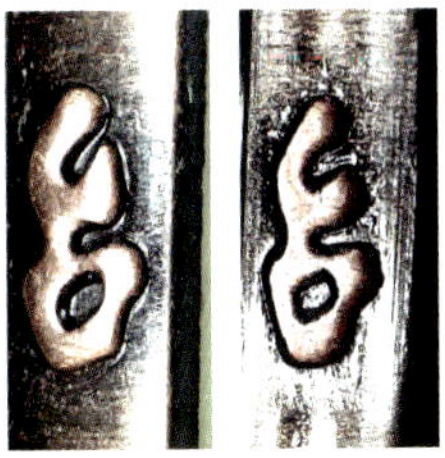

图43

“茅台打孔酒”是一个有争议性的话题：性质由孔的位置和大小决定，打孔位置分为肩部打孔、商标外打孔和揭标打孔。

存放跑酒高度茅台酒（53%voL或53%voL以上）打孔是加满做全品相酒出售。这种孔肉眼易见。

酒精度低的茅台酒（38%voL、39%voL或43%voL）打孔是为了添加增稠剂做高度酒酒花的样子卖。这种孔是超细孔，直径0.12mm。

当然，老茅台打孔酒在老酒拍卖市场并不多见，这个孔大于直径0.23mm，加同口感酒，常见于消费饮用。另外，透明瓶子品种的茅台酒几乎没有发现有打孔酒。最后，揭秘一下打孔酒有两种情况：1. 售假渠道买一瓶打孔酒比真品茅台酒行情价便宜400元，比如散装茅台酒是2800元（500mL/瓶），打孔酒则是2400元，售假者有每瓶赚1250元的利润，因为，43° 飞天茅台单瓶价格是1050元；2. 当卖家举着瓶子说这是抽出来的茅台酒卖你每斤1200元，其实酒体是成本每斤约300元的口感好的茅台镇散酒，用此说辞掩饰自己，为了多赚每斤900元的利润。

不知大家有没有发现，我们去茅台镇的时候，任何一个白酒销售员在卖给你酒前，都会给你讲酒故事、酒厂背景、酒有多好，没有半小时是根本讲不完的。但是，现在他们不再讲故事了，他们直接拿出一瓶插有针灸针的茅台酒，告诉你，这是从茅台酒瓶中抽出来的。只要你买，售假者都有赚，你妥妥地被骗。

另外一种打孔酒就是揭标打孔偷酒，比加增稠剂的孔稍大。如果孔打在商标外就很容易被检查出来，所以常见的是打在商标后面。虽然揭标打孔时物理痕迹很少，不易发现，但是一定会留下化学痕迹，因为揭开商标时需要使用化学溶剂泡不干胶商标，再将其拿下来。然而被泡过的标上面的文字会笔画会变粗、晕开甚至失色，尤其“国酒”和“贵州”字处的笔画红色荧光部分。

找孔方法分为人工顺光找目标孔、工业探伤机器成像显示，两种方法都存在准确率不高的缺陷。依我看来，人工找孔的方法是优于机器找孔的，但人工找孔的方法得不到普及。如果未来茅台酒的酒瓶强度不升级，打孔茅台会一直存在。以上文字仅代表个人意见，如有不足之处，欢迎一起探讨交流。

最后，祝贺《2024名酒拍卖年鉴》顺利出版，也祝愿中国名酒拍卖市场越来越好。

2024年1月于南京

1951—2023年茅台酒产量、市场价、防伪技术演变及历史变革

1951年贵州省仁怀县人民政府将茅台镇名气最大、规模最大的三家私营酒坊“成义酒坊”“荣和酒坊”“恒兴酒坊”（也就是常说的“华茅”“王茅”和“赖茅”）合并，成立了国营的茅台酒厂。酒厂成立初期的名称，也经历了从“贵州省专卖事业公司仁怀县茅台酒厂”“贵州专卖事业管理局仁怀茅台酒厂”“贵州省地方国营仁怀酒厂”到“贵州省地方国营茅台酒厂”的过程。

下面向大家介绍1951—2023年间茅台酒产量、市场价、防伪技术演变及历史变革的情况（后附折线图，见第029页）：

1952年茅台酒产量为75吨，市场售价约为2.84元/瓶。

1953年茅台酒产量为72吨，市场售价约为2.84元/瓶。

1954年茅台酒产量为163吨，市场售价约为2.84元/瓶。

1955年茅台酒产量为209吨，市场售价约为2.84元/瓶。

1956年茅台酒产量为274吨，市场售价约为2.84元/瓶。

1957年茅台酒产量为283吨，市场售价约为2.84元/瓶。

1958年茅台酒产量为627吨，当年售价约为2.84元/瓶。

（“飞天”商标茅台酒在1958年后长期作为外销专用。其容量大于20世纪80年代中后期的500mL容量，俗称为“大飞天”。）

1959年茅台酒产量为820吨，市场售价约为2.84元/瓶。

1960年茅台酒产量为912吨，市场售价约为2.84元/瓶。

1961年茅台酒产量为347吨，市场售价约为4.07元/瓶。

1962年茅台酒产量为363吨，市场售价约为4.07元/瓶。

1963年茅台酒产量为325吨，市场售价约为4.07元/瓶。

1964年茅台酒产量为222吨，市场售价约为4.07元/瓶。

1965年茅台酒产量为247吨，市场售价约为4.07元/瓶。

1966年茅台酒产量为312吨，市场售价约为4.07元/瓶。

[1966年9月23日贵州省工业厅发函，通知酒厂修改五星牌茅台酒说明书（即背标）文字，内容如下：“茅台酒是全国名酒，产于贵州省仁怀县茅台镇，已有二百余年的悠久历史，解放后，在中国共产党的领导下，开展三大革命运动，不断总结传统经验，改进技术，提高产量。具有醇和浓郁、特殊芳香、味长回甜之独特风格。贵州省茅台酒厂启 年 月 日”。此背标沿用至1982年，这一时期的五星牌茅台酒也被称为“三大革命茅台酒”。]

1967年茅台酒产量为321吨，市场售价约为4.07元。

（1967年，茅台酒厂成立“革委会”，决定将有“四旧”嫌疑的出口的“飞天牌”商标更换为“葵花牌”，直至1975年恢复“飞天牌”的使用并沿用至今。）

1968年茅台酒产量为338吨，市场售价约为4.07元/瓶。

1969年茅台酒产量为355吨，市场售价约为4.07元/瓶。

1970年茅台酒产量为232吨，市场售价约为4.07元/瓶。

1971年茅台酒产量为375吨，市场售价约为4.07元/瓶。

1972年茅台酒产量为550吨，市场售价约为4.07元/瓶。

1973年茅台酒产量为606吨，市场售价约为4.07元/瓶。

1974年茅台酒产量为664.5吨，市场售价约为8元/瓶。

1975年茅台酒产量为700吨，市场售价约为8元/瓶。

（1975年初，重新恢复“飞天”商标使用后，已提前印刷的25.8万张“葵花牌”商标因此闲置，本着勤俭节约的精神，1978年剩余的“葵花牌”商标重新用于内销酒款。）

1976年茅台酒产量为746吨，市场售价约为8元/瓶。

1977年茅台酒产量为758吨，市场售价约为8元/瓶。

1978年茅台酒产量为1068吨，市场售价约为8元/瓶。

1979年茅台酒产量为1143吨，市场售价约为8元/瓶。

1980年茅台酒产量为1152吨，市场售价约为8元/瓶。

1981年茅台总产量为1052吨，市场售价约为11.8元/瓶。

1982年茅台酒产量为1181吨，市场售价约为11.8元/瓶。

1983年茅台酒产量为1189吨，市场售价约为11.8元/瓶。

[1983年1月五星牌茅台酒更换说明书（即背标），内容如下：“茅台酒是中国名酒，产于贵州省仁怀县茅台镇，历史悠久，工艺独特，早已驰名中外，为广大消费者所热爱。一九一五年巴拿马万国博览会荣获奖章、奖状。新中国成立后，茅台酒保持并发扬了优良的工艺，技术精益求精，质量稳定提高，具有酱香突出、细腻优雅、酒体醇厚、回味悠长等特点。历届全国评酒会均被评为国家名酒，荣获国家金质奖章。 年 月 日”。此背标沿用至1986年12月底。这一时期的五星牌茅台酒也被称为“地方国营茅台酒”。]

1984年茅台酒产量为1322吨，市场售价约为18.5元/瓶。

1985年茅台酒产量为1265.9吨，市场售价约为18.5元/瓶。

1986年茅台酒产量为1266.6吨，市场售价约为18.5元/瓶。

（1983—1986年所生产的五星牌茅台酒被称为“地方国营茅台”，因其正标右下方落款为“地方国营茅台酒厂出品”，背标改为“茅台酒”简介式商标，背标下方日期为蓝色汉字，约1986年4月改为蓝色阿拉伯数字。）

1987年茅台酒产量为1331吨，市场售价约为18.5元/瓶。

1988年茅台酒产量为1300吨，市场售价约为140元/瓶。

（1988年五星牌贵州茅台酒酒精度有54°、53°两种。）

1989年茅台酒产量为1728.8吨，市场售价约为165元。

（茅台酒厂暂停机器制曲，全面恢复人工踩曲。茅台酒获全国第五届评酒会金奖，实现了该奖项的五连冠。）

1990年茅台酒产量为1888吨，市场售价约为170元/瓶。

（时任国家副主席王震题写书名的厂志《茅台酒厂志》出版发行。1990年有少部分贵州牌贵州茅台酒背标使用贵州牌中英文对照说明的背标。1990年的贵州茅台酒的生产日期有两种方式，初期为盖印在背标蓝色阿拉伯数字，中后期日期盖印在包装盒盖内侧的食品标签上。）

1991年茅台酒产量为1959.4吨，市场售价约为170元/瓶。

（贵州“茅台牌”酒商标获首届“中国驰名商标”第一名。1991年的五星茅台酒，采用红色飘带，1991年开始，正标右下角由“中国茅台酒厂出品”更改为“中国贵州茅台酒厂出品”，下方附有度数和容量。）

1992年茅台产量为2089.3吨，市场售价约为125元/瓶。

1993年茅台产量为2281吨，市场售价约为130元/瓶。

（1993年4月21日起出厂的贵州茅台酒酒盒上增设条形码，酒盒顶部增加飞天或五星图案的激光防伪标记。）

1994年茅台酒产量为3390吨，市场售价约为150元/瓶。

1995年茅台酒产量为3978吨，市场售价约为150元/瓶。

（1995年2月21日，茅台酒厂包装车间首次使用“喷码”机，在茅台酒瓶盖胶套上喷码增强防伪。1995年7月，茅台酒厂顺利通过ISO 9002贯标认证的监督检查。1995年的茅台瓶盖与原来的鲜红色相比略浅，五星茅台酒有两种背标：一种背标与1993—1994年格式相同，并标注红色生产日期，同时包装盒上食品标签也标注生产日期；另一种背标即有“生产日期及批号见瓶口”。）

1996年茅台酒产量为4365吨，市场售价约为280元/瓶。

[1996年3月25日，茅台酒包装停止使用食品标签，原先贴在彩盒盖内部的食品标签内容印在彩盒二层盖上。1996年的茅台酒共有两种瓶盖及封膜，一种为金属盖红色封膜；另一种为同年8月开始采用的邹开良考察购进意大利生产的新型防伪防漏瓶盖，透明封膜，生产日期喷于瓶口的封膜上，此种瓶盖从根本上解决了茅台酒

包装低档、易漏酒跑气、瓶难开的问题，并在包装盒里附带“启用新瓶盖”的介绍标签。1996年7月，贵州省人民政府以黔府函[1996]159号档批准贵州茅台酒厂改制为国有独资公司，更名为“中国贵州茅台酒厂（集团）有限责任公司”。]

1997年茅台酒产量为4468吨，市场售价约为320元/瓶。

（1997年12月29日，茅台集团公司就美国3M公司防伪技术应用到茅台酒的防伪标识上在北京人民大会堂新闻发布厅召开新闻发布会。从1998年1月1日起，茅台酒正式启用3M防伪标识。）

1998年茅台酒产量为5072吨，市场售价约为300元/瓶。

1999年茅台酒产量为5074吨，市场售价约为260元/瓶。

（1999年4月26日，公司重新选用加拿大蓝色防伪标，被称为“蓝标”。防伪功能加上世界上当时较为先进的镂空技术，保留了3M防伪的折光变色技术和隐形团技术。1999年6月，茅台酒文化城被上海大世界吉尼斯总部认证为“大世界吉尼斯之最”，是世界上规模最大的酒文化博览馆。1999年12月，茅台集团公司总经理袁仁国在北京与中国绿色食品发展中心签订《绿色食品标志使用协议》，茅台酒获得绿色食品标志使用许可证。）

2000年茅台酒产量为5379吨，市场售价约为185—220元/瓶。

（2000年2月14日，茅台酒包装启用第三代防伪标（上海天臣防伪标），该防伪标具有隐形图案、镂空技术、动感秘纹、水印反射四种防伪功能，撕开防伪后会看到镂空的“废”字，后改为“作废”。3月25日，在茅台酒外销375mL的品种包装上首次使用绿色食品标志，其他规格品种不久也先后启用。5月，经贵州省工商行政管理局重新核准注册登记，企业名称更名为“中国贵州茅台酒厂有限责任公司”。6月13日，茅台酒包装首次在内销500mL茅台酒上使用不干胶商标。）

2001年茅酒总产量为7317吨，市场售价约为260元/瓶。

（2001年7月31日，“贵州茅台”股票在上海证券交易所成功发行，募集资金20亿元。2001年为庆祝北京申办2008年奥运会成功，特制“北京申奥成功纪念”茅台酒。2001年米卢带领的中国足球国家队冲进世界杯，茅台酒厂特制“中国足球出线纪念”茅台酒。2001年适逢巴拿马万国博览会获奖86周年和茅台酒厂成立50周年。历经50多年的发展，茅台酒产量从建厂初期年产72吨到2001年的7300吨，增长100多倍，企业总资产从1.2万元发展到50多亿元，增长超40万倍。2001年利税突破10亿元，成为白酒行业唯一的国家一级特大型企业。）

2002年茅台酒产量为8640吨，市场售价约为280元/瓶。

（2002年9月24日，北京第一家国酒茅台专卖店正式成立，位于北京市西单北大街。）

2003年茅台酒产量为9757吨，市场售价约为320元/瓶。

（2003年升级上海天臣防伪标，改标由“作废”二字改为红白相间的小方块，以及电码声讯追踪查询系统。12月，茅台集团公司召开茅台酒产量上万吨暨获全国质量管理奖庆祝大会。）

2004年茅台酒产量为1.15万吨，市场售价约为350元/瓶。

（2004年4月，香港首家“国酒茅台专卖店”开业。5月21日，有机食品标识启用。5月，在瑞士巴塞尔举行的“2003世界之星”包装设计颁奖大会上，“中国贵州茅台礼盒纪念酒”系列包装获“世界之星”包装奖。）

2005年茅台酒产量为1.25万吨，市场售价约为400元/瓶。

[外包装箱日期喷码启用。7月，中国质量协会质量保证中心宣布茅台酒股份公司食品安全管理体系通过认证。8月，中国贵州茅台酒被确认采用了纯粮固态发酵生产工艺，获准中国食品工业协会白酒专业委员会批准使用“纯粮固态发酵白酒”标志。11月，中国质量认证中心（cqc）贵州评审中心向贵州茅台酒股份有限公司颁发了质量管理体系、环境管理体系、职业健康安全管理体系的体化管理体系证书。]

2005年茅台酒产量为1.25万吨，市场售价约为400元/瓶。

2006年茅台酒产量为1.38万吨，市场售价约为500元/瓶。

2007年茅台酒产量为1.69万吨，市场售价约为500元/瓶。

2008年茅台酒产量为2.05万吨，市场售价约为600元/瓶。

（原产地地域保护标志启用。）

2009年茅台酒产量为2.30万吨，市场售价约为650元/瓶。

（2009年2月23日，在375mL、500mL、900mL、1000mL茅台酒启用红色防伪胶套。）

2010年茅台酒产量为2.63万吨，市场售价约为1000元/瓶。

2011年茅台酒产量为3.01万吨，市场售价约为2000元/瓶。

2012年茅台酒产量为3.36万吨，市场售价约为1400元/瓶。

2013年茅台酒产量为3.85万吨，市场售价约为1000元/瓶。

（2013年5月，贵州茅台酒rfid防伪溯源体系启用，实现了防伪数字化、食品安全溯源信息化、流通环节透明化、市场管控精细化，有效保护了企业知识产权，加强了食品安全管理，维护了消费者的合法权益。）

2014年茅台酒产量为3.87万吨，市场售价约为900元/瓶。

（2014年商标总局叫停国字头商标。）

2015年茅台酒产量为3.22万吨，市场售价约为900元/瓶。

（2015年恰逢茅台酒荣获巴拿马万国博览会金奖100周年之际，“百年金奖辉煌茅台酒”以纪念之名浴火重生，其与之前国家级宴会专用酱色瓶茅台酒一脉相承，出自同一个车间、同一批工人、同一条流水线、酒体和批号皆相同。它也是唯一一款商标非“五星”或者“飞天”，且采用的是“1915年巴拿马万国博览会”金牌作为商标的一款茅台酒。）

2016年茅台酒产量为3.93万吨，市场售价约为1200元/瓶。

2017年茅台酒产量为4.28万吨，市场售价约为1400元/瓶。

2018年茅台酒产量为4.96万吨，市场售价约为1800元/瓶。

2019年茅台酒产量为4.99万吨，市场售价约为2300元/瓶。

2020年茅台酒产量为5.02万吨，市场售价约为2850元/瓶。

2021年茅台酒产量为5.53万吨，市场售价约为3200元/瓶。

2022年茅台酒产量为5.68万吨，市场售价约为3800元/瓶。

2023年茅台酒产量为5.72万吨，市场售价约为3000元/瓶。

* 部分资料参考何申波：《茅台酒收藏大典》，文物出版社2021年出版。

1952年—2023年贵州茅台酒产量（吨）

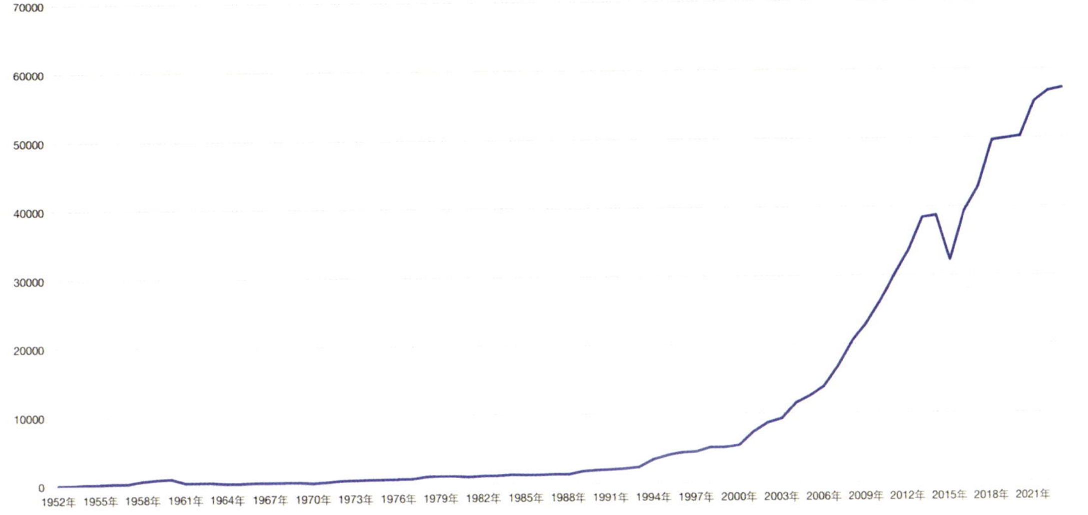

1952年—2023年当年产贵州茅台酒市场参考价（元）

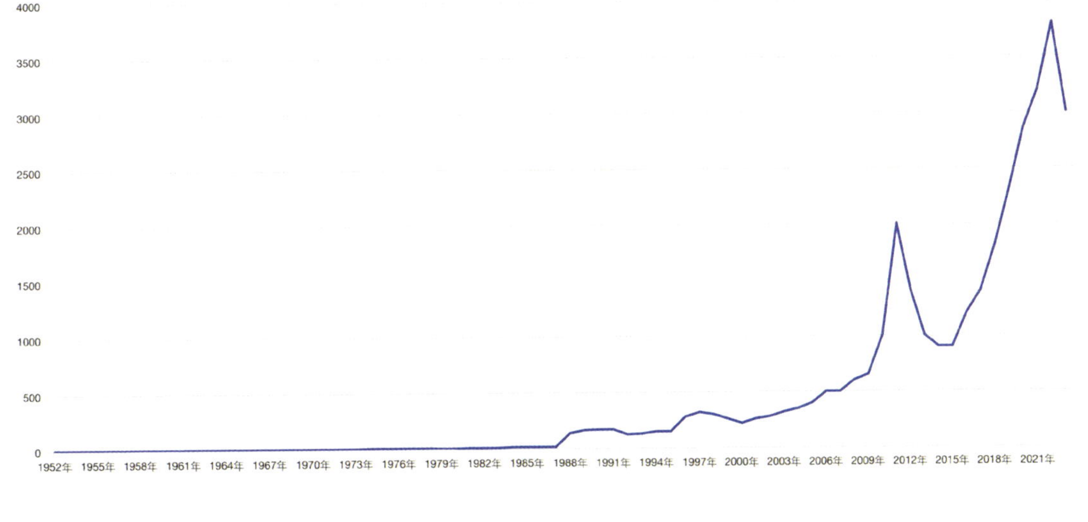

目 录

中国白酒

1957年产金轮牌土陶瓶贵州茅台酒

约55%vol　1瓶，540mL/瓶

中贸圣佳　2023-07-01 Lot 6355

估价：无底价

成交价：1 035 000元

1958年产金轮牌贵州茅台酒

约55%vol 12瓶，50mL/瓶

中国嘉德 2023-11-29 Lot 3757

估价：10 000—20 000元

成交价：149 500元

中國貴州茅台酒

1958年产金轮牌原箱贵州茅台酒

约55%vol 96瓶，50mL/瓶（1箱×96瓶）

中国嘉德 2023-06-11 Lot 3418

估价：6 000 000—7 000 000元

成交价：5 750 000元

中國貴州茅台酒

1958年产五星牌贵州茅台酒

约55%vol　1瓶，540mL/瓶
中国嘉德　2023-11-29　Lot 3730
估价：100 000—1 200 000元
成交价：632 500元

1959年产五星牌贵州茅台酒

约55%vol　1瓶，540mL/瓶

中国嘉德　2023-06-11　Lot 3379

估价：1 000 000—1 500 000元

成交价：1 610 000元

1963年产飞天牌全棉纸贵州茅台酒

约55%vol　1瓶，540mL/瓶
中国嘉德　2023-11-29　Lot 3759
估价：10 000—20 000元
成交价：322 000元

1966年产飞天牌贵州茅台酒

约55%vol　1瓶，540mL/瓶
中国嘉德　2023-06-11　Lot 3351
估价：10 000—20 000元
成交价：529 000元

1963年产飞天牌全棉纸贵州茅台酒

约55%vol　1瓶，540mL/瓶
中国嘉德　2023-11-29　Lot 3760
估价：10 000—20 000元
成交价：322 000元

1966年产飞天牌贵州茅台酒

约55%vol　2瓶，540mL/瓶
中国嘉德　2023-11-29　Lot 3758
估价：10 000—20 000元
成交价：632 500元

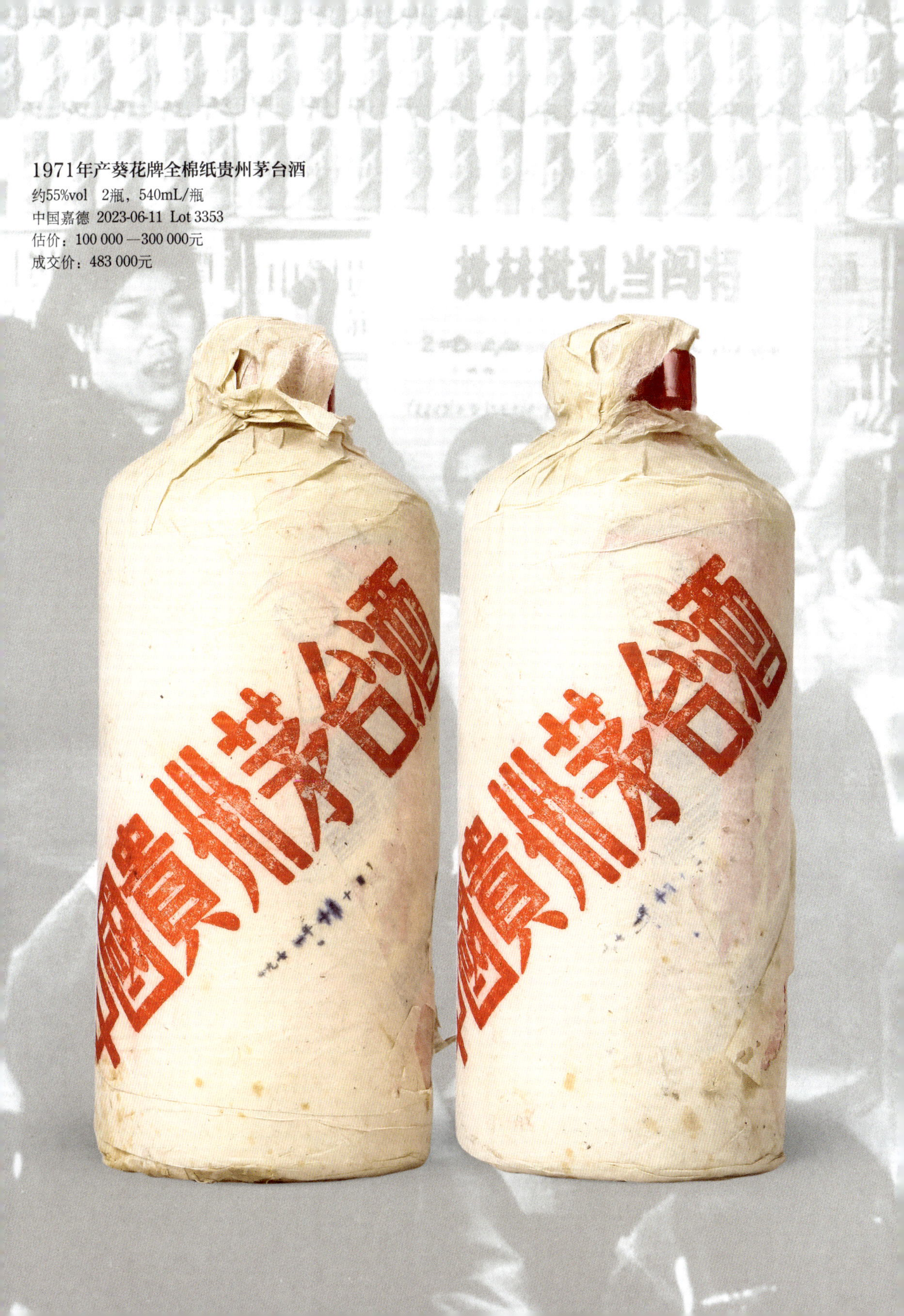

1971年产葵花牌全棉纸贵州茅台酒
约55%vol　2瓶，540mL/瓶
中国嘉德　2023-06-11　Lot 3353
估价：100 000—300 000元
成交价：483 000元

1972年产金轮牌贵州茅台酒

约55%vol　1瓶，540mL/瓶

中贸圣佳 2023-07-01 Lot 6318

估价：无底价

成交价：264 500元

1972年产金轮牌土陶瓶贵州茅台酒

约55%vol　1瓶，540mL/瓶
中贸圣佳 2023-07-01 Lot 6317
估价：无底价
成交价：483 000元

1972年产五星牌三大革命贵州茅台酒

约55%vol　1瓶，540mL/瓶

中国嘉德 2023-11-29 Lot 3731

估价：100 000—200 000元

成交价：253 000元

1973年产葵花牌全棉纸贵州茅台酒

约55%vol　1瓶，540mL/瓶
中国嘉德　2023-06-11　Lot 3354
估价：150 000 —250 000元
成交价：414 000元

1973年产葵花牌全棉纸贵州茅台酒

约55%vol　1瓶，270mL/瓶
中国嘉德　2023-11-29　Lot 3732
估价：80 000 —150 000元
成交价：149 500元

1974年产葵花牌贵州茅台酒

约55%vol　3瓶，540mL/瓶
中贸圣佳　2023-07-01　Lot 6319
估价：无底价
成交价：632 500元

1974年产葵花牌全棉纸贵州茅台酒

约55%vol　1瓶，540mL/瓶
中国嘉德　2023-06-11　Lot 3355
估价：150 000 —250 000元
成交价：414 000元

1976年产飞天牌贵州茅台酒

约55%vol　1瓶，540mL/瓶
中贸圣佳　2023-07-01 Lot 6325
估价：无底价
成交价：161 000元

1976年产五星牌全棉纸三大革命贵州茅台酒

约55%vol　1瓶，540mL/瓶
中国嘉德　2023-11-29 Lot 3736
估价：50 000—200 000元
成交价：97 750元

1977年产金轮牌三大革命贵州茅台酒

约55%vol　1瓶，540mL/瓶
中贸圣佳　2023-07-01 Lot 6320
估价：无底价
成交价：115 000元

1978年产金轮牌三大革命贵州茅台酒

约55%vol　1瓶，540mL/瓶
中贸圣佳　2023-07-01 Lot 6321
估价：无底价
成交价：103 500元

1978年产葵花牌贵州茅台酒

约55%vol　1瓶，540mL/瓶
中国嘉德　2023-11-29 Lot 3734
估价：80 000 —150 000元
成交价：126 500元

1978年产葵花牌三大革命贵州茅台酒

约55%vol　1瓶，540mL/瓶
中国嘉德　2023-06-11　Lot 3359
估价：80 000 —150 000元
成交价：149 500元

1978年产葵花牌贵州茅台酒

约55%vol　1瓶，540mL/瓶
中贸圣佳　2023-07-01 Lot 6323
估价：无底价
成交价：149 500元

1978年产五星牌三大革命贵州茅台酒

约55%vol　1瓶，540mL/瓶
中国嘉德　2023-06-11　Lot 3360
估价：80 000 —150 000元
成交价：115 000元

1979年产金轮牌三大革命贵州茅台酒

约55%vol　1瓶，540mL/瓶

中贸圣佳　2023-07-01　Lot 6324

估价：无底价

成交价：97 750元

1979年产五星牌三大革命贵州茅台酒

约55%vol　1瓶，540mL/瓶

中国嘉德　2023-11-29　Lot 3738

估价：60 000—100 000元

成交价：69 000元

1979年产五星牌三大革命贵州茅台酒

约55%vol　1瓶，540mL/瓶

中国嘉德　2023-06-11　Lot 3361

估价：50 000—100 000元

成交价：138 000元

20世纪70年代产飞天牌贵州茅台酒

53%vol　3瓶，540mL/瓶

中贸圣佳　2023-07-01　Lot 6326

估价：无底价

成交价：126 500元

20世纪70年代产葵花牌贵州茅台酒

53%vol　6瓶，270mL/瓶
中国嘉德　2023-06-11　Lot 3357
估价：180 000—500 000元
成交价：207 000元

20世纪70年代产葵花牌全棉纸贵州茅台酒

53%vol　6瓶，270mL/瓶
中国嘉德　2023-06-11　Lot 3358
估价：200 000—600 000元
成交价：287 500元

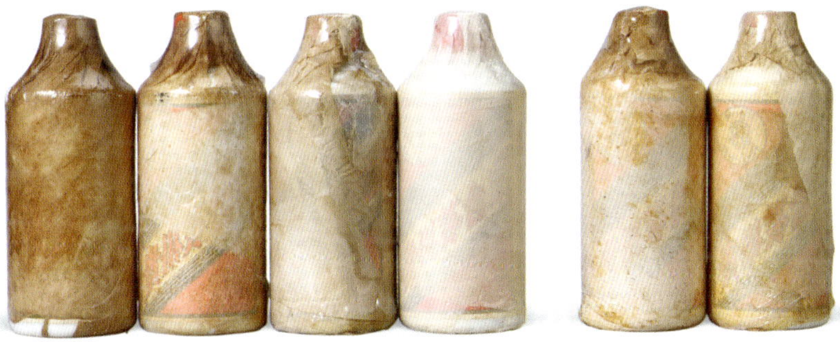

20世纪70年代初期产葵花牌贵州茅台酒

53%vol　10瓶，540mL/瓶
中贸圣佳　2023-07-01 Lot 6322
估价：无底价
成交价：1 265 000元

20世纪70年代初期产葵花牌贵州茅台酒

53%vol　1瓶，540mL/瓶

中国嘉德　2023-11-29 Lot 3733

估价：150 000 —200 000元

成交价：207 000元

20世纪70年代早期产葵花牌贵州茅台酒

53%vol　2瓶，540mL/瓶

中国嘉德　2023-06-11　Lot 3356

估价：10 000 —20 000元

成交价：161 000元

1980年产五星牌全棉纸二大革命贵州茅台酒

约55%vol　1瓶，540mL/瓶

中国嘉德　2023-06-11　Lot 3362

估价：50 000 —100 000元

成交价：126 500元

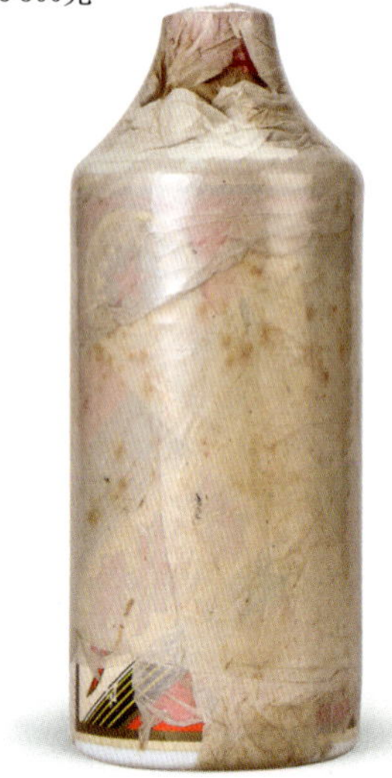

1980年产金轮牌三大革命贵州茅台酒

约55%vol　2瓶，540mL/瓶

中贸圣佳　2023-07-01 Lot 6302

估价：无底价

成交价：115 000元

1981年产金轮牌三大革命贵州茅台酒

约55%vol　2瓶，540mL/瓶
中贸圣佳　2023-07-01 Lot 6303
估价：无底价
成交价：103 500元

1981年产五星牌三大革命贵州茅台酒

约55%vol　2瓶，540mL/瓶
中国嘉德　2023-06-11　Lot 3363
估价：80 000 —150 000元
成交价：161 000元

1981年产五星牌三大革命贵州茅台酒

约55%vol　2瓶，540mL/瓶
中国嘉德　2023-11-29 Lot 3740
估价：80 000 —150 000元
成交价：103 500元

1982年产金轮牌三大革命贵州茅台酒

约55%vol　2瓶，540mL/瓶
中贸圣佳　2023-07-01 Lot 6304
估价：无底价
成交价：109 250元

1982年产五星牌三大革命贵州茅台酒

约55%vol　2瓶，540mL/瓶
中国嘉德　2023-06-11　Lot 3364
估价：80 000—150 000元
成交价：172 500元

1982年产五星牌三大革命贵州茅台酒

约55%vol　2瓶，540mL/瓶
中国嘉德　2023-11-29 Lot 3741
估价：80 000—150 000元
成交价：97 750元

1983年产五星牌地方国营贵州茅台酒

约55%vol　6瓶，540mL/瓶
中贸圣佳　2023-07-01 Lot 6309
估价：无底价
成交价：253 000元

1983年产五星牌地方国营贵州茅台酒

约55%vol　2瓶，540mL/瓶
中国嘉德　2023-06-11　Lot 3365
估价：60 000 —150 000元
成交价：195 500元

1983年产五星牌地方国营贵州茅台酒

约55%vol　2瓶，540mL/瓶
中国嘉德　2023-11-29 Lot 3742
估价：60 000 —100 000元
成交价：69 000元

1983—1985年产飞天牌贵州茅台酒

53%vol　20瓶，270mL/瓶
北京永乐　2023-07-02　Lot 5030
估价：无底价
成交价：230 000元

1983年产五星牌黄酱贵州茅台酒

约55%vol　1瓶，540mL/瓶
中国嘉德　2023-06-11　Lot 3370
估价：150 000 —200 000元
成交价：333 500元

1983年产五星牌全棉纸黄酱贵州茅台酒

约55%vol　1瓶，540mL/瓶
中国嘉德　2023-11-29 Lot 3750
估价：150 000 —200 000元
成交价：184 000元

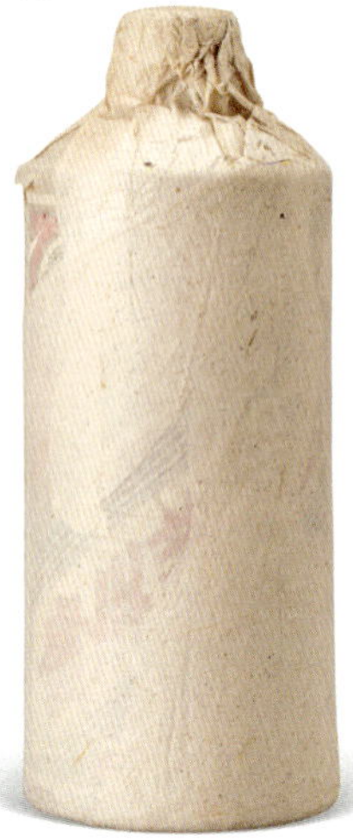

1984年产飞天牌黄酱贵州茅台酒

约55%vol　2瓶，540mL/瓶
中国嘉德　2023-06-11　Lot 3376
估价：200 000 —300 000元
成交价：598 000元

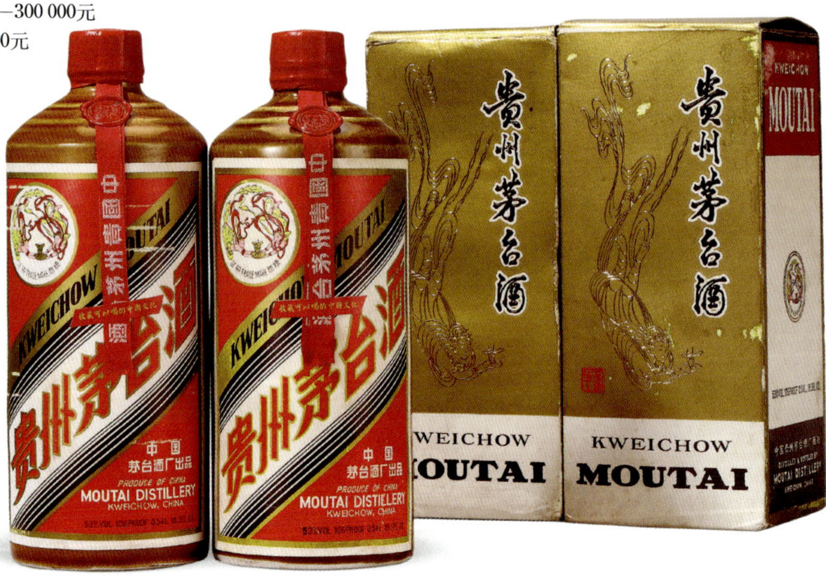

1984年产金轮牌地方国营贵州茅台酒

约55%vol　3瓶，500mL/瓶
北京保利　2023-12-14　Lot 7038
估价：90 000 —120 000元
成交价：105 800元

1984年产五星牌地方国营贵州茅台酒

约55%vol　4瓶，540mL/瓶
中国嘉德　2023-11-29 Lot 3743
估价：120 000 —200 000元
成交价：149 500元

1984年产五星牌地方国营贵州茅台酒

约55%vol　6瓶，540mL/瓶
中贸圣佳　2023-07-01 Lot 6310
估价：无底价
成交价：241 500元

1984年产五星牌全棉纸地方国营贵州茅台酒

约55%vol　4瓶，540mL/瓶
中国嘉德　2023-06-11　Lot 3366
估价：150 000 —350 000元
成交价：345 000元

1984年产飞天牌黄酱贵州茅台酒

约55%vol　24瓶，540mL/瓶
中国嘉德　2023-11-29 Lot 3755
估价：2 000 000 —5 000 000元
成交价：2 990 000元

1984年产五星牌全棉纸黄酱贵州茅台酒

约55%vol　1瓶，540mL/瓶

中国嘉德　2023-06-11　Lot 3371

估价：150 000 —200 000元

成交价：333 500元

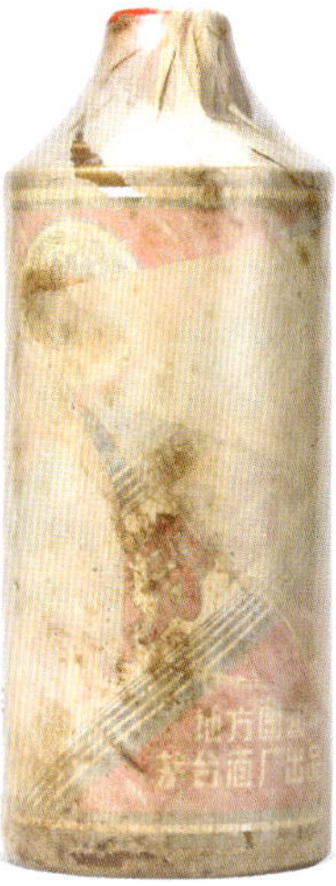

1985年产五星牌全棉纸地方国营贵州茅台酒

约55%vol　2瓶，540mL/瓶

中国嘉德　2023-11-29 Lot 3744

估价：60 000 —100 000元

成交价：74 750元

1985年产五星牌全棉纸地方国营贵州茅台酒

约55%vol　3瓶，540mL/瓶

中国嘉德　2023-11-29 Lot 3745

估价：100 000 —200 000元

成交价：126 500元

1985年产五星牌地方国营贵州茅台酒

约55%vol　2瓶，540mL/瓶

中国嘉德　2023-06-11　Lot 3367

估价：60 000 —150 000元

成交价：149 500元

1985年产飞天牌塑盖贵州茅台酒

约55%vol　12瓶，500mL/瓶

中贸圣佳 2023-07-01 Lot 6314

估价：无底价

成交价：356 500元

1985年产五星牌地方国营原箱贵州茅台酒

约55%vol　12瓶，540mL/瓶（1箱×12瓶）

中国嘉德 2023-06-11 Lot 3420

估价：600 000—1 200 000元

成交价：805 000元

1985年产五星牌黑酱贵州茅台酒

约55%vol　2瓶，540mL/瓶

中国嘉德　2023-06-11　Lot 3372

估价：100 000—200 000元

成交价：264 500元

1985年产五星牌地方国营贵州茅台酒

约55%vol　2瓶，540mL/瓶
中贸圣佳　2023-07-01 Lot 6311
估价：无底价
成交价：86 250元

1985年产五星牌黑酱贵州茅台酒

约55%vol　2瓶，540mL/瓶
中国嘉德　2023-11-29 Lot 3752
估价：100 000—150 000元
成交价：138 000元

1986年产铁盖珍品贵州茅台酒

约55%vol　2瓶，500mL/瓶
中国嘉德　2023-06-11　Lot 3415
估价：50 000—150 000元
成交价：138 000元

1986年产十里红妆

千里飘香特供黑酱贵州茅台酒

约55%vol　2瓶，540mL/瓶

西泠拍卖　2023-08-07　Lot 3933

估价：80 000—150 000元

成交价：161 000元

1986年产五星牌地方国营原箱贵州茅台酒

约55%vol　12瓶，540mL/瓶（1箱 × 12瓶）

中贸圣佳　2023-07-01 Lot 6315

估价：无底价

成交价：1 012 000元

1986年产五星牌地方国营贵州茅台酒

约55%vol　4瓶，540mL/瓶

中贸圣佳　2023-07-01 Lot 6312

估价：无底价

成交价：161 000元

1986年产五星牌全棉纸黑酱贵州茅台酒

约55%vol　2瓶，540mL/瓶
中国嘉德　2023-06-11　Lot 3373
估价：100 000—200 000元
成交价：310 500元

1986年产珍品一七〇四贵州茅台酒

53%vol　2瓶，500mL/瓶
中贸圣佳　2023-07-01 Lot 6327
估价：无底价
成交价：103 500元

1986年产五星牌全棉纸地方国营贵州茅台酒

约55%vol　6瓶，540mL/瓶
中国嘉德　2023-06-11　Lot 3368
估价：200 000—500 000元
成交价：368 000元

1986年产五星牌黑酱贵州茅台酒

约55%vol　4瓶，540mL/瓶
中国嘉德　2023-11-29 Lot 3753
估价：200 000 —300 000元
成交价：322 000元

1986年产五星牌铁盖贵州茅台酒

53%vol　3瓶，500mL/瓶
中贸圣佳　2023-07-01 Lot 6341
估价：无底价
成交价：161 000元

1987年产五星牌铁盖贵州茅台酒

53%vol　2瓶，500mL/瓶
中国嘉德　2023-11-29 Lot 3779
估价：20 000 —60 000元
成交价：69 000元

1987年产飞天牌铁盖贵州茅台酒

53%vol　6瓶，500mL/瓶
中国嘉德　2023-06-11　Lot 3401
估价：100 000 —200 000元
成交价：253 000元

1987年产五星牌铁盖贵州茅台酒

53%vol　6瓶，500mL/瓶
中国嘉德　2023-06-11　Lot 3389
估价：100 000 —200 000元
成交价：322 000元

1987年产五星牌铁盖贵州茅台酒

53%vol　6瓶，500mL/瓶
中贸圣佳　2023-07-01 Lot 6338
估价：无底价
成交价：218 500元

1987年产五星牌铁盖原箱贵州茅台酒

53%vol　12瓶，500mL/瓶（1箱×12瓶）
中国嘉德　2023-06-11　Lot 3421
估价：500 000—800 000元
成交价：690 000元

1988年产飞天牌铁盖贵州茅台酒

53%vol　6瓶，500mL/瓶
中国嘉德　2023-06-11　Lot 3400
估价：100 000—200 000元
成交价：322 000元

1988年产铁盖贵州茅台酒

53%vol　6瓶，500mL/瓶
北京永乐　2023-07-02　Lot 5034
估价：无底价
成交价：264 500元

1988年产铁盖珍品贵州茅台酒

53%vol 4瓶，500mL/瓶
中国嘉德 2023-06-11 Lot 3414
估价：100 000—200 000元
成交价：230 000元

1988年产五星牌铁盖贵州茅台酒

53%vol 6瓶，500mL/瓶
中国嘉德 2023-06-11 Lot 3388
估价：100 000—200 000元
成交价：345 000元

1988年产五星牌铁盖贵州茅台酒

53%vol 6瓶，500mL/瓶
中贸圣佳 2023-07-01 Lot 6339
估价：无底价
成交价：207 000元

1988年产五星牌铁盖贵州茅台酒

53%vol　2瓶，500mL/瓶
中国嘉德　2023-11-29 Lot 3778
估价：20 000 —60 000元
成交价：69 000元

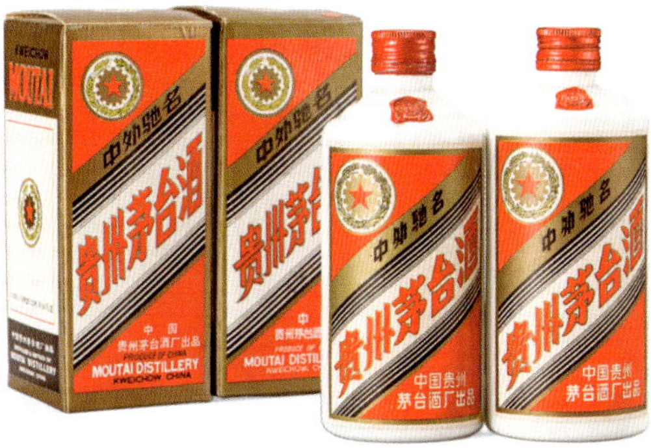

1988年产珍品贵州茅台酒

53%vol　2瓶，500mL/瓶
中贸圣佳　2023-07-01 Lot 6328
估价：无底价
成交价：97 750元

1988年产珍品原箱贵州茅台酒

53%vol　6瓶，500mL/瓶（1箱 × 6瓶）
中贸圣佳　2023-07-01 Lot 6349
估价：无底价
成交价：437 000元

1988年产五星牌铁盖原箱贵州茅台酒

53%vol　12瓶，500mL/瓶（1箱 × 12瓶）
中国嘉德　2023-06-11　Lot 3422
估价：500 000 —800 000元
成交价：747 500元

1989年产飞天牌铁盖贵州茅台酒

53%vol　6瓶，500mL/瓶

中国嘉德　2023-06-11　Lot 3399

估价：100 000 —200 000元

成交价：241 500元

1989年产铁盖珍品贵州茅台酒

53%vol　6瓶，500mL/瓶

中国嘉德　2023-06-11　Lot 3413

估价：100 000 —200 000元

成交价：207 000元

1989年产五星牌铁盖贵州茅台酒

53%vol　6瓶，500mL/瓶

中国嘉德　2023-06-11　Lot 3387

估价：100 000 —200 000元

成交价：230 000元

1989年产五星牌铁盖贵州茅台酒

53%vol　2瓶，500mL/瓶
中国嘉德　2023-11-29 Lot 3777
估价：20 000—60 000元
成交价：63 250元

1989年产珍品贵州茅台酒

53%vol　2瓶，500mL/瓶
中贸圣佳　2023-07-01 Lot 6329
估价：无底价
成交价：74 750元

1989年产铁盖贵州茅台酒

53%vol　6瓶，500mL/瓶
北京永乐　2023-07-02　Lot 5035
估价：无底价
成交价：258 750元

1989年产五星牌铁盖贵州茅台酒

53%vol　6瓶，500mL/瓶
中贸圣佳　2023-07-01 Lot 6340
估价：无底价
成交价：207 000元

1980 —1982年产金轮牌三大革命贵州茅台酒

约55%vol 2瓶，540mL/瓶

中贸圣佳 2023-07-01 Lot 6301

估价：无底价

成交价：126 500元

1980 —1982年产金轮牌三大革命内销贵州茅台酒

约55%vol 2瓶，500mL/瓶

北京永乐 2023-07-02 Lot 5031

估价：无底价

成交价：126 500元

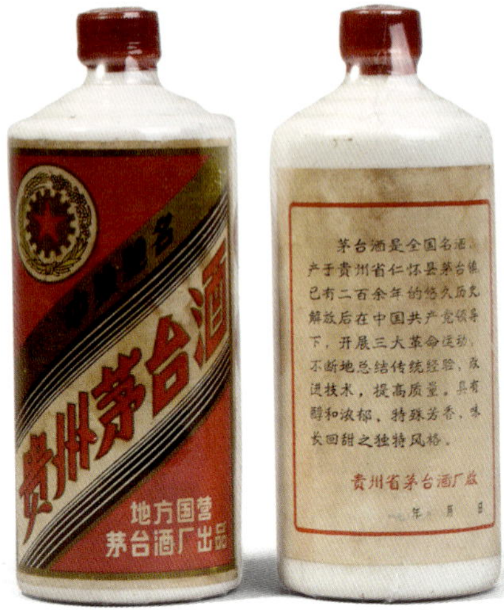

1980 —1989年产五星牌贵州茅台酒

约55%vol、54%vol、53%vol 10瓶，540mL/瓶、500mL/瓶

中贸圣佳 2023-07-01 Lot 6342

估价：无底价

成交价：437 000元

1980—1982年产飞天牌贵州茅台酒

约55%vol　6瓶，540mL/瓶
中贸圣佳　2023-07-01 Lot 6307
估价：无底价
成交价：218 500元

1980—1986年产飞天牌贵州茅台酒

53%vol　20瓶，270mL/瓶
中贸圣佳　2023-07-01 Lot 6306
估价：无底价
成交价：184 000元

1980 —2020年产五星牌贵州茅台酒

约55%vol、54%vol、53%vol 7瓶，540mL/瓶、34瓶，500mL/瓶

中国嘉德 2023-06-11 Lot 3369

估价：500 000 —1 200 000元

成交价：1 265 000元

贵州茅台酒
中国
贵州茅台酒厂出品
53%VOL 500ml

1983—1985年产飞天牌贵州茅台酒

53%vol　12瓶，540mL/瓶（1箱×12瓶）
中贸圣佳 2023-07-01 Lot 6316
估价：无底价
成交价：690 000元

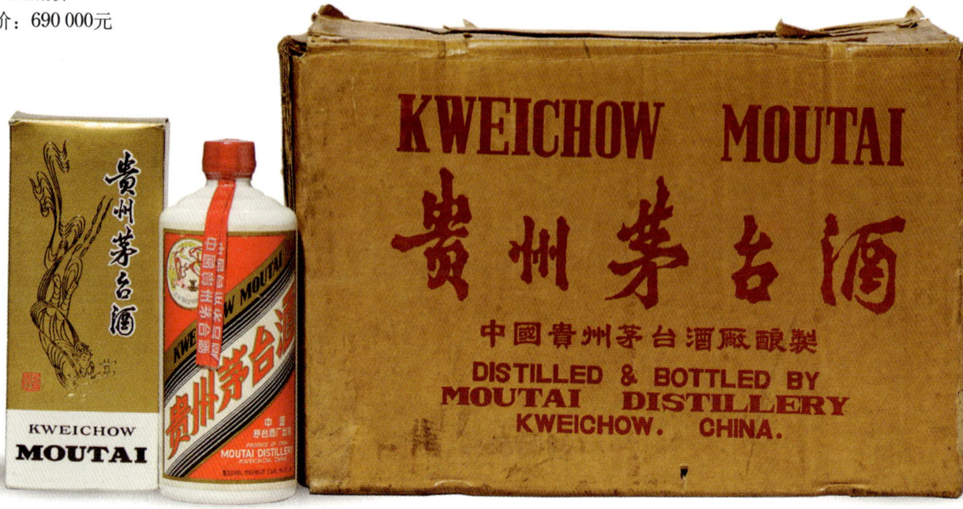

1983—1986年产五星牌地方国营贵州茅台酒

约55%vol　4瓶，540mL/瓶
中国嘉德 2023-11-29 Lot 3749
估价：120 000—200 000元
成交价：149 500元

1983—1986年产五星牌地方国营内销贵州茅台酒

约55%vol　6瓶，500mL/瓶
北京永乐 2023-07-02 Lot 5032
估价：无底价
成交价：207 000元

1983年、1984年、1986年、1991年产铁盖地方国营贵州茅台酒

53%vol　6瓶，500mL/瓶
北京保利　2023-07-05　Lot 7035
估价：150 000 —180 000元
成交价：172 500元

1985—1986年产五星牌黑酱贵州茅台酒

约55%vol　2瓶，540mL/瓶
中贸圣佳　2023-07-01 Lot 6308
估价：无底价
成交价：172 500元

1985—1986年产五星牌黑酱贵州茅台酒

约55%vol　2瓶，540mL/瓶
中贸圣佳　2023-07-01 Lot 6313
估价：无底价
成交价：161 000元

1986—1996年产飞天牌铁盖贵州茅台酒

约55%vol　11瓶，500mL/瓶

中国嘉德　2023-06-11　Lot 3403

估价：200 000 —300 000元

成交价：345 000元

1987—1996年产飞天牌铁盖贵州茅台酒

53%vol　10瓶，500mL/瓶

中国嘉德　2023-06-11　Lot 3402

估价：200 000 —300 000元

成交价：345 000元

1986—1996年产五星牌铁盖贵州茅台酒

约55%vol　11瓶，500mL/瓶
中国嘉德 2023-06-11 Lot 3391
估价：200 000 —300 000元
成交价：368 000元

1987—1996年产飞天牌铁盖贵州茅台酒

53%vol　60瓶，500mL/瓶
中国嘉德　2023-11-29 Lot 3783
估价：500 000—1 000 000元
成交价：1 725 000元

贵州茅台酒
KWEICHOW MOUTAI
中國
貴州茅台酒廠出品
PRODUCE OF CHINA
MOUTAI DISTILLERY
KWEICHOW CHINA

1987—1996年产铁盖贵州茅台酒

53%vol　10瓶，500mL/瓶

北京保利　2023-07-05　Lot 7037

估价：340 000—350 000元

成交价：391 000元

1987—1996年产五星牌贵州茅台酒

53%vol　10瓶，500mL/瓶

中贸圣佳　2023-07-01 Lot 6348

估价：无底价

成交价：299 000元

1987—1996年产五星牌铁盖贵州茅台酒

53%vol　10瓶，500mL/瓶
中国嘉德　2023-06-11　Lot 3390
估价：200 000—300 000元
成交价：368 000元

1987—1996年产珍品贵州茅台酒

53%vol　10瓶，500mL/瓶
中贸圣佳　2023-07-01 Lot 6337
估价：无底价
成交价：322 000元

1987—1996年产五星牌铁盖贵州茅台酒

53%vol　60瓶，500mL/瓶

中国嘉德　2023-11-29 Lot 3782

估价：500 000—1 000 000元

成交价：1 840 000元

贵州茅台酒
中国
贵州茅台酒厂出品

1988—1996年产铁盖珍品贵州茅台酒

53%vol　9瓶，500mL/瓶

中国嘉德 2023-06-11 Lot 3416

估价：200 000—300 000元

成交价：345 000元

20世纪80年代产（1980—1982年三大革命、1983—1986年地方国营、1987—1989年五星牌铁盖）贵州茅台酒

53%vol　7瓶，540mL/瓶、3瓶，500mL/瓶

中国嘉德 2023-06-11 Lot 3378

估价：200 000—500 000元

成交价：552 000元

20世纪80年代产飞天牌贵州茅台酒

53%vol　2瓶，500mL/瓶、270mL/瓶
中国嘉德　2023-11-29 Lot 3763
估价：10 000 —20 000元
成交价：80 500元

20世纪80年代产飞天牌铁盖贵州茅台酒

53%vol　2瓶，500mL/瓶
中国嘉德　2023-11-29 Lot 3761
估价：10 000 —20 000元
成交价：103 500元

20世纪80年代产飞天牌贵州茅台酒

53%vol　2瓶，270mL/瓶、540mL/瓶
西泠拍卖　2023-12-23　Lot 3436
估价：20 000 —30 000元
成交价：36 800元

20世纪80年代产五星牌全棉纸地方国营贵州茅台酒

53%vol　1瓶，540mL/瓶
中国嘉德　2023-11-29 Lot 3762
估价：10 000 —20 000元
成交价：80 500元

20世纪80年代产飞天牌原箱贵州茅台酒（附装箱单）

53%vol　12瓶，270mL/瓶（1箱×12瓶）
中国嘉德　2023-06-11　Lot 3419
估价：200 000 —500 000元
成交价：253 000元

20世纪80年代产飞天牌原箱贵州茅台酒

53%vol　12瓶，270mL/瓶（1箱×12瓶）

中贸圣佳　2023-07-01 Lot 6354

估价：无底价

成交价：322 000元

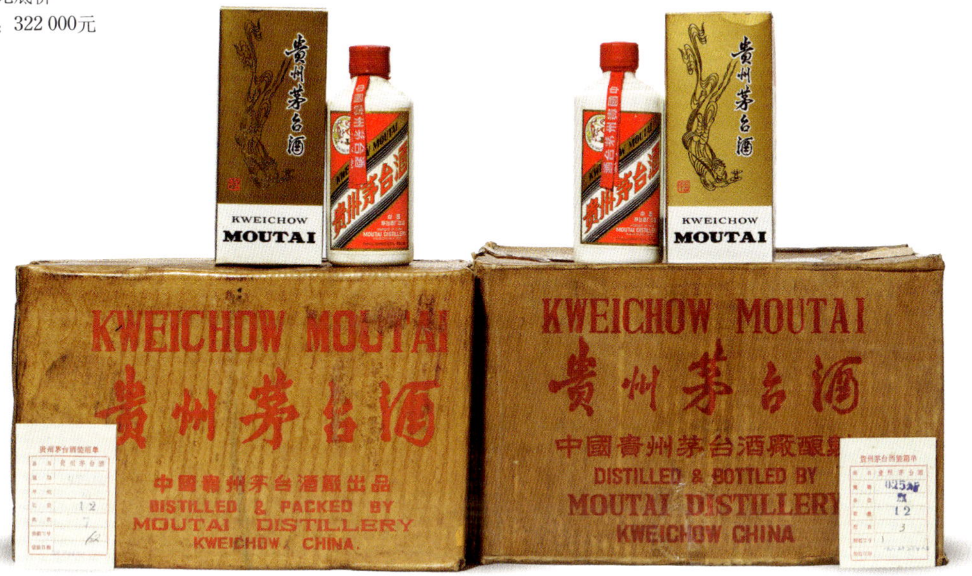

20世纪80年代产铁盖地方国营贵州茅台酒

53%vol　6瓶，500mL/瓶

北京保利　2023-12-14　Lot 7042

估价：140 000—180 000元

成交价：175 950元

20世纪80年代产五星牌黄酱、黑酱贵州茅台酒

53%vol 2瓶，540mL/瓶

中国嘉德 2023-06-11 Lot 3375

估价：200 000 —300 000元

成交价：287 500元

20世纪80年代产五星牌黑酱贵州茅台酒

53%vol　3瓶，540mL/瓶
中国嘉德　2023-06-11　Lot 3374
估价：150 000—250 000元
成交价：322 000元

20世纪80年代产五星牌黑酱贵州茅台酒

53%vol　3瓶，540mL/瓶
中国嘉德　2023-11-29 Lot 3754
估价：150 000—300 000元
成交价：172 500元

20世纪80年代产五星牌全棉纸地方国营贵州茅台酒

53%vol 2瓶，540mL/瓶

中国嘉德 2023-11-29 Lot 3764

估价：10 000—20 000元

成交价：161 000元

20世纪80年代产五星牌全棉纸地方国营贵州茅台酒

53%vol 2瓶，540mL/瓶

中国嘉德 2023-11-29 Lot 3766

估价：10 000—20 000元

成交价：149 500元

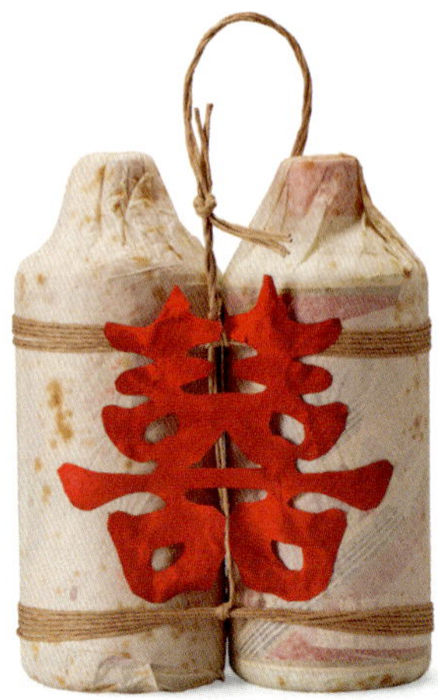

20世纪80年代产五星牌全棉纸地方国营贵州茅台酒

53%vol 2瓶，540mL/瓶

中国嘉德 2023-11-29 Lot 3768

估价：10 000—20 000元

成交价：126 500元

20世纪80年代初期产飞天牌外销贵州茅台酒

53%vol 12瓶，540mL/瓶

北京永乐 2023-07-02 Lot 5027

估价：无底价

成交价：552 000元

20世纪80年代初期产葵花牌贵州茅台酒

53%vol　4瓶，270mL/瓶

中贸圣佳 2023-07-01 Lot 6305

估价：无底价

成交价：138 000元

20世纪80年代后期产飞天牌外销贵州茅台酒

53%vol　12瓶，500mL/瓶

北京永乐 2023-07-02 Lot 5029

估价：无底价

成交价：483 000元

20世纪80年代中期产飞天牌外销贵州茅台酒

53%vol　6瓶，500mL/瓶

北京保利　2023-07-05　Lot 7040

估价：250 000 —350 000元

成交价：287 500元

20世纪80年代中期产飞天牌贵州茅台酒

53%vol　6瓶，500mL/瓶

北京保利　2023-12-14　Lot 7035

估价：240 000 —260 000元

成交价：276 000元

20世纪80年代五星牌全棉纸黄酱贵州茅台酒

53%vol　1瓶，540mL/瓶

中国嘉德　2023-11-29 Lot 3765

估价：10 000 —20 000元

成交价：195 500元

20世纪80年代中期产五星牌黑酱贵州茅台酒

53%vol　1瓶，540mL/瓶

西泠拍卖　2023-12-23　Lot 3434

估价：50 000 —80 000元

成交价：69 000元

20世纪80年代中期产飞天牌外销贵州茅台酒

53%vol　12瓶，500mL/瓶

北京永乐　2023-07-02　Lot 5028

估价：无底价

成交价：517 500元

20世纪80年代中早期产飞天牌贵州茅台酒

53%vol　100瓶，270mL/瓶

中国嘉德　2023-06-11　Lot 3377

估价：1 000 000—3 000 000元

成交价：1 495 000元

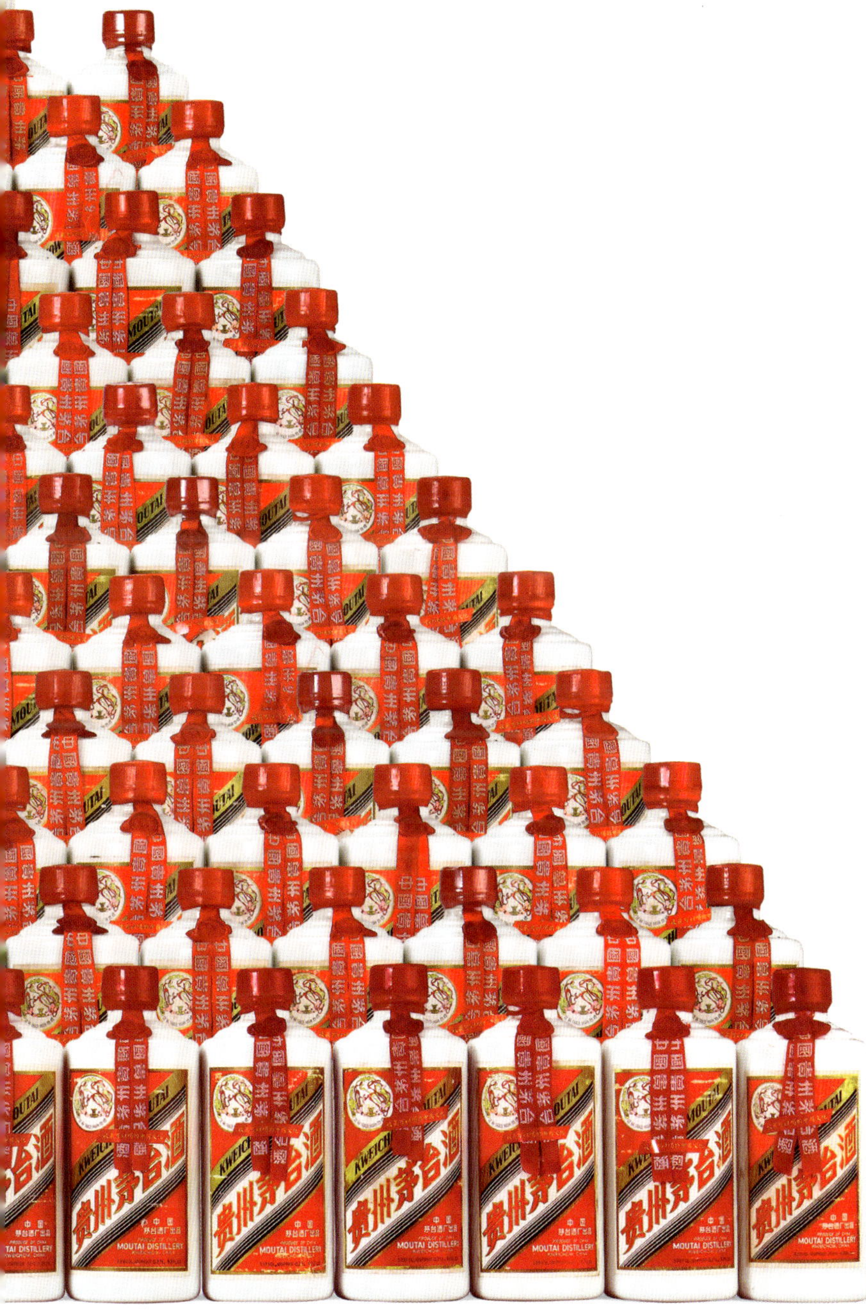
贵州茅台酒
MOUTAI DISTILLERY

20世纪80、90年代产铁盖贵州茅台酒

53%vol　4瓶，500mL/瓶
中国嘉德　2023-11-29 Lot 3767
估价：10 000 —20 000元
成交价：115 000元

1990年产飞天牌铁盖贵州茅台酒

53%vol　6瓶，500mL/瓶
中国嘉德　2023-06-11　Lot 3398
估价：100 000 —200 000元
成交价：195 500元

1990年产铁盖贵州茅台酒

53%vol　6瓶，500mL/瓶
北京保利　2023-12-14　Lot 7045
估价：195 000 —210 000元
成交价：224 250元

1990年产铁盖贵州茅台酒

53%vol　6瓶，500mL/瓶
北京永乐 2023-07-02 Lot 5036
估价：无底价
成交价：207 000元

1990年产铁盖贵州茅台酒

53%vol　6瓶，500mL/瓶
西泠拍卖 2023-08-07 Lot 3928
估价：140 000 —180 000元
成交价：161 000元

1990年产铁盖贵州茅台酒

53%vol　6瓶，500mL/瓶
西泠拍卖 2023-12-23 Lot 3433
估价：140 000 —180 000元
成交价：218 500元

1990年产铁盖珍品贵州茅台酒

53%vol 6瓶，500mL/瓶
中国嘉德 2023-06-11 Lot 3412
估价：100 000 —200 000元
成交价：218 500元

1990年产五星牌铁盖贵州茅台酒

53%vol 6瓶，500mL/瓶
中国嘉德 2023-06-11 Lot 3386
估价：100 000 —200 000元
成交价：241 500元

1990年产五星牌铁盖贵州茅台酒

53%vol 4瓶，500mL/瓶
中国嘉德 2023-11-29 Lot 3776
估价：30 000 —80 000元
成交价：115 000元

1990年产五星牌铁盖贵州茅台酒

53%vol　6瓶，500mL/瓶
中贸圣佳　2023-07-01 Lot 6343
估价：无底价
成交价：172 500元

1991年产飞天牌铁盖贵州茅台酒

53%vol　12瓶，500mL/瓶
中国嘉德　2023-06-11　Lot 3397
估价：200 000—400 000元
成交价：345 000元

1991年产飞天牌铁盖贵州茅台酒

53%vol　6瓶，500mL/瓶
中国嘉德　2023-11-29 Lot 3775
估价：50 000—100 000元
成交价：149 500元

1991—1993年产飞天牌铁盖贵州茅台酒

53%vol　60瓶，375mL/瓶

中国嘉德　2023-06-11　Lot 3405

估价：600 000—1 000 000元

成交价：1 092 500元

贵州茅台酒
KWEICHOW MOUTAI
中国
貴州茅台酒厰出品
PRODUCE OF CHINA
MOUTAI DISTILLERY
KWEICHOW CHINA

1991年产铁盖贵州茅台酒

53%vol　6瓶，500mL/瓶
北京永乐 2023-07-02 Lot 5037
估价：无底价
成交价：230 000元

1991年产铁盖珍品贵州茅台酒

53%vol　12瓶，500mL/瓶
中国嘉德 2023-06-11 Lot 3411
估价：200 000 —400 000元
成交价：322 000元

1991年产五星牌铁盖贵州茅台酒

53%vol　12瓶，500mL/瓶
中国嘉德 2023-06-11 Lot 3385
估价：200 000 —400 000元
成交价：437 000元

1991年产原箱贵州茅台酒

53%vol 12瓶，200mL/瓶（1箱×12瓶）
西泠拍卖 2023-08-07 Lot 3930
估价：80 000—120 000元
成交价：92 000元

1991年产珍品贵州茅台酒

53%vol 6瓶，500mL/瓶
北京保利 2023-12-14 Lot 7083
估价：180 000—240 000元
成交价：207 000元

1991年产珍品贵州茅台酒

53%vol 6瓶，500mL/瓶
北京永乐 2023-07-02 Lot 5045
估价：无底价
成交价：161 000元

1991年产珍品铁盖贵州茅台酒

53%vol　6瓶，500mL/瓶
中贸圣佳 2023-07-01 Lot 6330
估价：无底价
成交价：172 500元

1992年产飞天牌铁盖贵州茅台酒

53%vol　12瓶，500mL/瓶
中国嘉德 2023-06-11 Lot 3396
估价：200 000—400 000元
成交价：448 500元

1992年产飞天牌铁盖贵州茅台酒

53%vol　6瓶，500mL/瓶
中国嘉德 2023-11-29 Lot 3774
估价：50 000—100 000元
成交价：149 500元

1992年产飞天牌铁盖原箱贵州茅台酒

53%vol　12瓶，500mL/瓶（1箱×12瓶）
中国嘉德　2023-06-11　Lot 3424
估价：300 000—600 000元
成交价：402 500元

1992年产飞天牌铁盖原箱贵州茅台酒

53%vol　12瓶，200mL/瓶（1箱×12瓶）
中国嘉德　2023-11-29 Lot 3790
估价：100 000—200 000元
成交价：115 000元

1992年产铁盖贵州茅台酒

53%vol　6瓶，500mL/瓶
北京保利　2023-07-05　Lot 7045
估价：185 000—192 000元
成交价：212 750元

1992年产铁盖贵州茅台酒

53%vol　6瓶，500mL/瓶
北京永乐　2023-07-02　Lot 5038
估价：无底价
成交价：172 500元

1992年产铁盖珍品贵州茅台酒

53%vol　12瓶，500mL/瓶
中国嘉德　2023-06-11　Lot 3410
估价：200 000—400 000元
成交价：345 000元

1992年产五星牌铁盖贵州茅台酒

53%vol　12瓶，500mL/瓶
中国嘉德　2023-06-11　Lot 3384
估价：200 000—400 000元
成交价：460 000元

1992年产五星牌铁盖原箱贵州茅台酒

53%vol　12瓶，500mL/瓶（1箱×12瓶）

中国嘉德　2023-06-11　Lot 3423

估价：300 000 —600 000元

成交价：437 000元

1992年产五星牌铁盖原箱贵州茅台酒

53%vol　12瓶，500mL/瓶（1箱×12瓶）

中国嘉德　2023-11-29 Lot 3786

估价：300 000 —500 000元

成交价：368 000元

1992—1994年产飞天牌铁盖贵州茅台酒

53%vol　60瓶，375mL/瓶

中国嘉德　2023-11-29 Lot 3784

估价：300 000—500 000元

成交价：368 000元

贵州茅台酒
中国
PRODUCE OF CHINA
MOUTAI DISTILLERY
KWEICHOW CHINA

1992年产珍品贵州茅台酒

53%vol 6瓶，500mL/瓶

北京保利 2023-12-14 Lot 7084

估价：170 000 —240 000元

成交价：195 500元

1992年产珍品铁盖贵州茅台酒

53%vol 6瓶，500mL/瓶

中贸圣佳 2023-07-01 Lot 6331

估价：无底价

成交价：161 000元

1993年产飞天牌、五星牌铁盖贵州茅台酒

53%vol 12瓶，500mL/瓶

中贸圣佳 2023-07-01 Lot 6344

估价：无底价

成交价：310 500元

1993年产飞天牌铁盖贵州茅台酒

53%vol　12瓶，500mL/瓶

中国嘉德　2023-06-11　Lot 3395

估价：200 000 —400 000元

成交价：345 000元

1993年产飞天牌铁盖贵州茅台酒

53%vol　6瓶，500mL/瓶

中国嘉德　2023-11-29　Lot 3773

估价：50 000 —100 000元

成交价：138 000元

1993年产飞天牌铁盖原箱贵州茅台酒

53%vol　12瓶，500mL/瓶（1箱×12瓶）

中国嘉德　2023-11-29　Lot 3791

估价：300 000 —500 000元

成交价：402 500元

1993年产铁盖贵州茅台酒

53%vol　6瓶，500mL/瓶
北京永乐　2023-07-02　Lot 5039
估价：无底价
成交价：172 500元

1993年产铁盖珍品贵州茅台酒

53%vol　12瓶，500mL/瓶
中国嘉德　2023-06-11　Lot 3409
估价：200 000 —400 000元
成交价：345 000元

1993年产铁盖珍品原箱贵州茅台酒

53%vol　6瓶，500mL/瓶（1箱×6瓶）
中国嘉德　2023-06-11　Lot 3429
估价：150 000 —300 000元
成交价：230 000元

1993年产五星牌铁盖贵州茅台酒

53%vol　12瓶，500mL/瓶
中国嘉德　2023-06-11　Lot 3383
估价：200 000 —400 000元
成交价：437 000元

1993年产五星牌铁盖贵州茅台酒

53%vol　30瓶，500mL/瓶
中国嘉德　2023-06-11　Lot 3404
估价：350 000 —600 000元
成交价：897 000元

1993年产珍品贵州茅台酒

53%vol　6瓶，500mL/瓶
北京保利　2023-12-14　Lot 7085
估价：160 000—228 000元
成交价：184 000元

1993年产珍品贵州茅台酒

53%vol　6瓶，500mL/瓶
北京永乐　2023-07-02　Lot 5046
估价：无底价
成交价：172 500元

1993年产珍品铁盖贵州茅台酒

53%vol　6瓶，500mL/瓶
中贸圣佳　2023-07-01 Lot 6332
估价：无底价
成交价：161 000元

1993年产珍品铁盖原箱贵州茅台酒

53%vol　6瓶，500mL/瓶（1箱×6瓶）
中贸圣佳　2023-07-01 Lot 6350
估价：无底价
成交价：230 000元

1994年产飞天牌铁盖贵州茅台酒
53%vol　6瓶，500mL/瓶
中国嘉德　2023-11-29 Lot 3772
估价：50 000—100 000元
成交价：149 500元

1994年产飞天牌铁盖贵州茅台酒
53%vol　12瓶，500mL/瓶
中国嘉德　2023-06-11　Lot 3394
估价：200 000—400 000元
成交价：368 000元

1994年产飞天牌铁盖原箱贵州茅台酒

53%vol　12瓶，500mL/瓶（1箱×12瓶）
中国嘉德　2023-06-11　Lot 3426
估价：300 000 —600 000元
成交价：402 500元

1994年产铁盖珍品贵州茅台酒

53%vol　12瓶，500mL/瓶
中国嘉德　2023-06-11　Lot 3408
估价：200 000 —400 000元
成交价：345 000元

1994年产铁盖贵州茅台酒

53%vol　6瓶，500mL/瓶
北京永乐　2023-07-02　Lot 5040
估价：无底价
成交价：172 500元

1994年产铁盖珍品原箱贵州茅台酒

53%vol　6瓶，500mL/瓶（1箱×6瓶）
中国嘉德　2023-06-11　Lot 3430
估价：150 000—300 000元
成交价：230 000元

1994年产五星牌铁盖贵州茅台酒

53%vol　12瓶，500mL/瓶
中国嘉德　2023-06-11　Lot 3382
估价：200 000—400 000元
成交价：437 000元

1994年产五星牌铁盖贵州茅台酒

53%vol　12瓶，500mL/瓶
中贸圣佳 2023-07-01 Lot 6345
估价：无底价
成交价：287 500元

1994年产五星牌铁盖原箱贵州茅台酒

53%vol　12瓶，500mL/瓶（1箱×12瓶）
中国嘉德 2023-06-11 Lot 3425
估价：300 000—600 000元
成交价：437 000元

1994年产珍品贵州茅台酒

53%vol　6瓶，500mL/瓶
北京保利 2023-12-14 Lot 7086
估价：155 000—222 000元
成交价：178 250元

1994年产珍品铁盖贵州茅台酒

53%vol　6瓶，500mL/瓶
中贸圣佳 2023-07-01 Lot 6333
估价：无底价
成交价：161 000元

1994年产珍品贵州茅台酒

53%vol　6瓶，500mL/瓶
北京永乐 2023-07-02 Lot 5047
估价：无底价
成交价：172 500元

1995年产飞天牌、五星牌铁盖贵州茅台酒

53%vol　12瓶，500mL/瓶
中贸圣佳 2023-07-01 Lot 6346
估价：无底价
成交价：287 500元

1995年产飞天牌铁盖贵州茅台酒

53%vol　12瓶，500mL/瓶
中国嘉德　2023-06-11　Lot 3393
估价：200 000—400 000元
成交价：368 000元

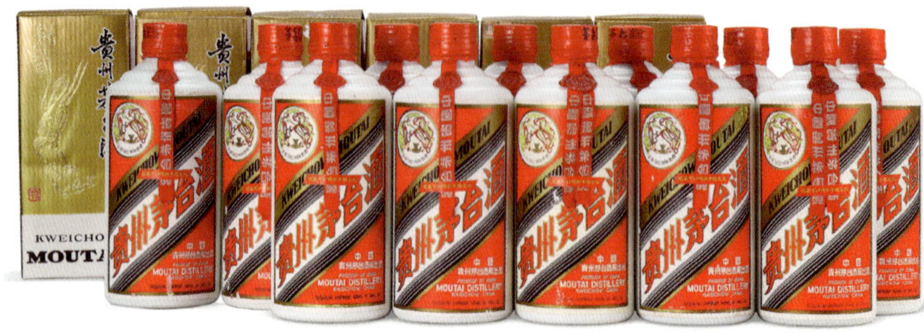

1995年产飞天牌铁盖贵州茅台酒

53%vol　6瓶，500mL/瓶
中国嘉德　2023-11-29 Lot 3771
估价：50 000—100 000元
成交价：149 500元

1995年产飞天牌铁盖原箱贵州茅台酒

53%vol　12瓶，500mL/瓶（1箱×12瓶）
中国嘉德　2023-06-11　Lot 3427
估价：300 000—600 000元
成交价：425 500元

1995年产铁盖贵州茅台酒

53%vol　6瓶，500mL/瓶
北京保利　2023-12-14　Lot 7049
估价：148 000—174 000元
成交价：170 200元

1995年产铁盖贵州茅台酒

53%vol　6瓶，500mL/瓶
北京永乐　2023-07-02　Lot 5041
估价：无底价
成交价：115 000元

1995年产铁盖贵州茅台酒

53%vol　4瓶，500mL/瓶
西泠拍卖　2023-08-07　Lot 3927
估价：80 000—120 000元
成交价：97 750元

1995年产铁盖珍品贵州茅台酒

53%vol　12瓶，500mL/瓶
中国嘉德　2023-06-11　Lot 3407
估价：200 000 —400 000元
成交价：345 000元

1995年产铁盖珍品原箱贵州茅台酒

53%vol　6瓶，500mL/瓶（1箱×6瓶）
中国嘉德　2023-06-11　Lot 3431
估价：150 000 —300 000元
成交价：253 000元

1995年产五星牌铁盖贵州茅台酒

53%vol　12瓶，500mL/瓶
中国嘉德　2023-06-11　Lot 3381
估价：200 000 —400 000元
成交价：460 000元

1995年产珍品贵州茅台酒

53%vol　6瓶，500mL/瓶
北京永乐 2023-07-02 Lot 5048
估价：无底价
成交价：161 000元

1995年产珍品铁盖贵州茅台酒

53%vol　6瓶，500mL/瓶
中贸圣佳 2023-07-01 Lot 6334
估价：无底价
成交价：161 000元

1995年产珍品铁盖原箱贵州茅台酒

53%vol　6瓶，500mL/瓶（1箱×6瓶）
中贸圣佳 2023-07-01 Lot 6351
估价：无底价
成交价：218 500元

1996年产飞天牌铁盖贵州茅台酒

53%vol 12瓶，500mL/瓶

中国嘉德 2023-06-11 Lot 3392

估价：200 000—400 000元

成交价：368 000元

1996年产飞天牌铁盖贵州茅台酒

53%vol 6瓶，500mL/瓶

中国嘉德 2023-11-29 Lot 3770

估价：50 000—100 000元

成交价：138 000元

1996年产飞天牌铁盖贵州茅台酒

53%vol 12瓶，500mL/瓶

中贸圣佳 2023-07-01 Lot 6347

估价：无底价

成交价：310 500元

1996年产飞天牌铁盖原箱贵州茅台酒

53%vol　12瓶，500mL/瓶（1箱×12瓶）
中国嘉德　2023-06-11　Lot 3428
估价：300 000 —600 000元
成交价：437 000元

1996年产贵州茅台酒

53%vol　4瓶，500mL/瓶
西泠拍卖　2023-12-23　Lot 3432
估价：48 000 —60 000元
成交价：55 200元

1996年产贵州茅台酒

53%vol　6瓶，500mL/瓶
西泠拍卖　2023-08-07　Lot 3926
估价：75 000 —100 000元
成交价：86 250元

1996年产贵州茅台酒

53%vol　12瓶，500mL/瓶（2箱×6瓶）
中贸圣佳　2023-07-01 Lot 6383
估价：无底价
成交价：161 000元

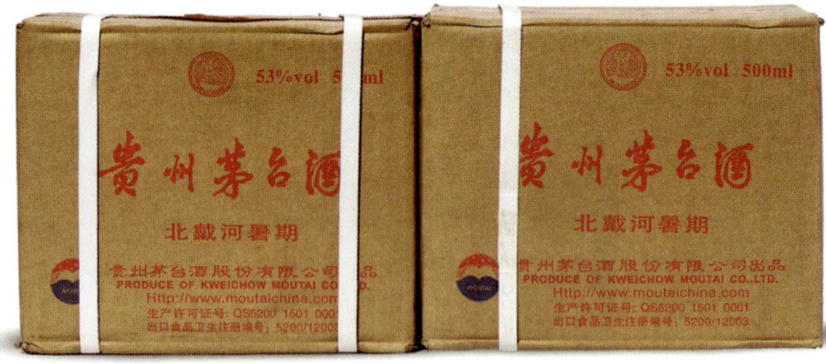

1996年产铁盖贵州茅台酒

53%vol　6瓶，500mL/瓶
北京永乐　2023-07-02　Lot 5042
估价：无底价
成交价：184 000元

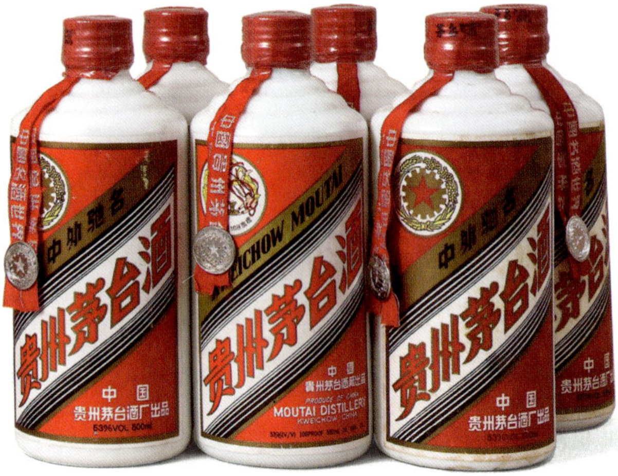

1996年产铁盖珍品贵州茅台酒

53%vol　12瓶，500mL/瓶
中国嘉德　2023-06-11　Lot 3406
估价：200 000—400 000元
成交价：368 000元

1996年产铁盖珍品原箱贵州茅台酒

53%vol　6瓶，500mL/瓶（1箱×6瓶）
中国嘉德 2023-06-11 Lot 3432
估价：150 000 —300 000元
成交价：241 500元

1996年产五星牌铁盖原箱贵州茅台酒

53%vol　12瓶，500mL/瓶（1箱×12瓶）
中国嘉德 2023-11-29 Lot 3787
估价：100 000 —200 000元
成交价：345 000元

1996年产五星牌铁盖贵州茅台酒

53%vol　12瓶，500mL/瓶
中国嘉德 2023-06-11 Lot 3380
估价：200 000 —400 000元
成交价：448 500元

1996年产飞天牌铁盖原箱贵州茅台酒

53%vol　12瓶，500mL/瓶（1箱 × 6瓶）

中贸圣佳 2023-07-01 Lot 6353

估价：无底价

成交价：322 000元

1996年产五星牌铁盖原箱贵州茅台酒

53%vol　12瓶，500mL/瓶（1箱 × 12瓶）

中贸圣佳 2023-07-01 Lot 6352

估价：无底价

成交价：460 000元

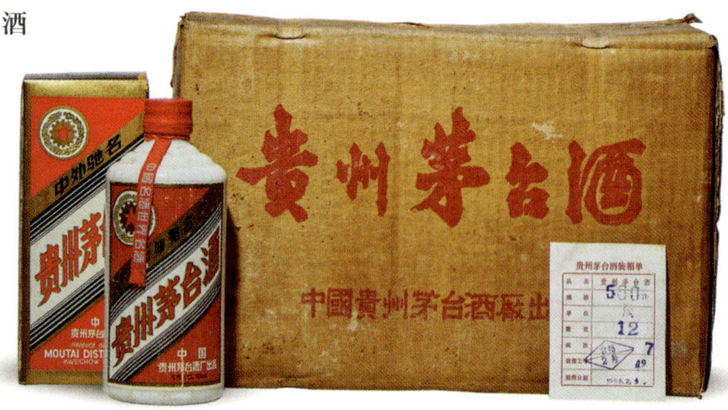

1996年产珍品贵州茅台酒

53%vol　6瓶，500mL/瓶

北京永乐 2023-07-02 Lot 5049

估价：无底价

成交价：138 000元

1996年产珍品铁盖贵州茅台酒

53%vol　6瓶，500mL/瓶
中贸圣佳 2023-07-01 Lot 6335
估价：无底价
成交价：161 000元

1996年产珍品铁盖贵州茅台酒

53%vol　6瓶，500mL/瓶
中贸圣佳 2023-07-01 Lot 6336
估价：无底价
成交价：126 500元

1997—1999年产珍品贵州茅台酒

53%vol　15瓶，500mL/瓶
中贸圣佳 2023-07-01 Lot 6382
估价：无底价
成交价：218 500元

1997年产飞天牌、五星牌原箱贵州茅台酒

53%vol　24瓶，500mL/瓶（2箱×12瓶）
中国嘉德　2023-11-29 Lot 3863
估价：150 000—400 000元
成交价：287 500元

1997年产五星牌贵州茅台酒

53%vol　12瓶，500mL/瓶
中贸圣佳　2023-07-01 Lot 6384
估价：无底价
成交价：149 500元

1997年产五星牌原箱贵州茅台酒

53%vol　12瓶，500mL/瓶（1箱×12瓶）
中贸圣佳　2023-07-01 Lot 6381
估价：无底价
成交价：253 000元

1998年产飞天牌贵州茅台酒

53%vol　12瓶，500mL/瓶
中贸圣佳 2023-07-01 Lot 6385
估价：无底价
成交价：149 500元

1998年产贵州茅台酒

53%vol　12瓶，500mL/瓶
北京永乐 2023-07-02 Lot 5066
估价：无底价
成交价：161 000元

1998年产贵州茅台酒

53%vol　6瓶，500mL/瓶
西泠拍卖 2023-08-07 Lot 3923
估价：65 000—90 000元
成交价：74 750元

1999年产50周年纪念贵州茅台酒

53%vol　6瓶，500mL/瓶（1箱×6瓶）
中贸圣佳 2023-07-01 Lot 6379
估价：无底价
成交价：379 500元

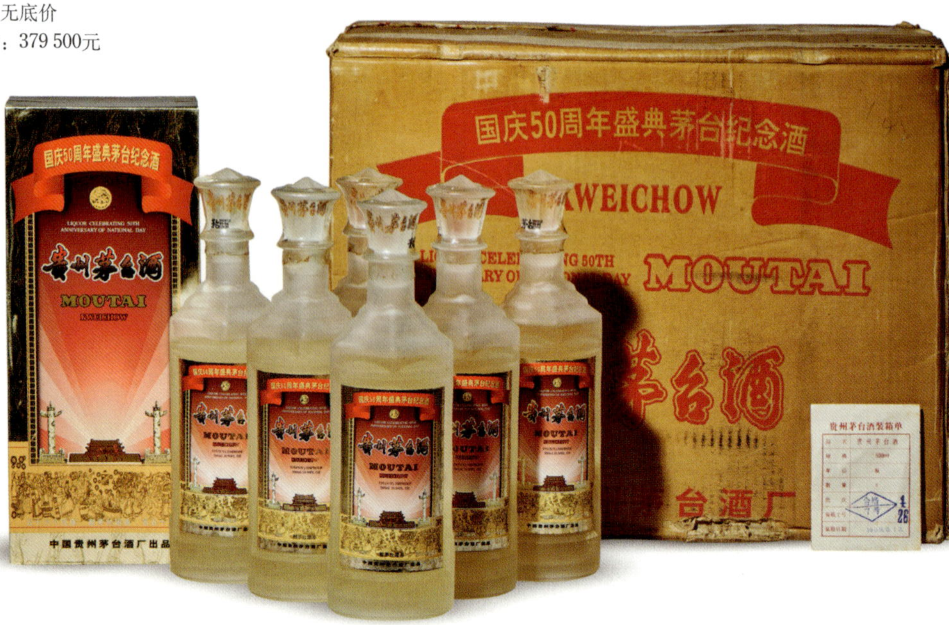

1999年产陈年贵州茅台酒（15年）

53%vol　6瓶，500mL/瓶
北京永乐 2023-07-02 Lot 5059
估价：无底价
成交价：115 000元

1999年产大木雕纪念贵州茅台酒（50年）

53%vol　1瓶，500mL/瓶
中贸圣佳 2023-07-01 Lot 6376
估价：无底价
成交价：345 000元

1999年产飞天牌原箱贵州茅台酒

53%vol　12瓶，500mL/瓶（1箱×12瓶）
中国嘉德 2023-11-29 Lot 3865
估价：30 000—100 000元
成交价：126 500元

1999年产飞天牌原箱贵州茅台酒

53%vol　12瓶，500mL/瓶（1箱 × 12瓶）
中贸圣佳 2023-07-01 Lot 6380
估价：无底价
成交价：253 000元

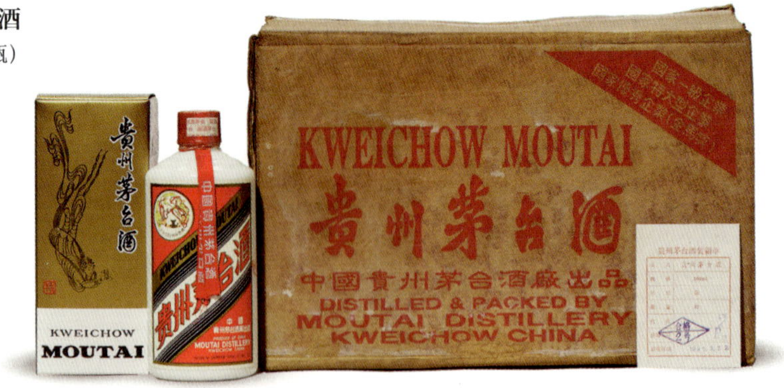

1999年产贵州茅台酒

53%vol　6瓶，500mL/瓶
北京保利 2023-12-14 Lot 7053
估价：64 000 —72 000元
成交价：73 600元

1999年产贵州茅台酒

53%vol　12瓶，500mL/瓶
北京永乐 2023-07-02 Lot 5067
估价：无底价
成交价：149 500元

1999年产贵州茅台酒

53%vol　6瓶，500mL/瓶
西泠拍卖　2023-08-07　Lot 3922
估价：60 000 —90 000元
成交价：69 000元

1999年产贵州茅台酒

53%vol　12瓶，500mL/瓶
中贸圣佳　2023-07-01 Lot 6386
估价：无底价
成交价：138 000元

1999年产国庆50周年盛典原箱贵州茅台酒

53%vol　6瓶，500mL/瓶（1箱×6瓶）
中国嘉德　2023-11-29 Lot 3828
估价：150 000 —500 000元
成交价：172 500元

1999年产建国50周年纪念贵州茅台酒

53%vol　6瓶，500mL/瓶

中国嘉德　2023-06-11　Lot 3460

估价：200 000—500 000元

成交价：437 000元

国庆50周年盛典茅台纪念酒
LIQUOR CELEBRATING 50TH ANNIVERSARY OF NATIONAL DAY
贵州茅台酒
MOUTAI
茅台酒厂出品
中国贵州茅台酒厂出品

1999年产年份贵州茅台酒（30年）

53%vol 6瓶，500mL/瓶（1箱×6瓶）
中国嘉德 2023-11-29 Lot 3870
估价：10 000—20 000元
成交价：161 000元

20世纪90年代产陈年铁盖贵州茅台酒

53%vol 3瓶，500mL/瓶
中国嘉德 2023-11-29 Lot 3794
估价：30 000—120 000元
成交价：97 750元

20世纪90年代产飞天牌传承（1990—1996年飞天牌铁盖、1997—1999年飞天牌白皮）贵州茅台酒

53%vol　10瓶，500mL/瓶
中国嘉德　2023-11-29 Lot 3781
估价：100 000—250 000元
成交价：184 000元

20世纪90年代产贵州茅台酒

53%vol　6瓶，500mL/瓶
北京永乐　2023-07-02　Lot 5043
估价：无底价
成交价：57 500元

20世纪90年代产铁盖陈年贵州茅台酒

53%vol　2瓶，500mL/瓶
中国嘉德　2023-06-11　Lot 3417
估价：50 000—100 000元
成交价：172 500元

20世纪90年代产铁盖贵州茅台酒

53%vol　12瓶，375mL/瓶
北京保利　2023-07-05　Lot 7010
估价：200 000—300 000元
成交价：230 000元

20世纪90年代产五星牌传承（1990—1996年五星牌铁盖、1997—1999年五星牌白皮）

53%vol　10瓶，500mL/瓶
中国嘉德　2023-11-29 Lot 3780
估价：100 000—250 000元
成交价：161 000元

20世纪90年代产铁盖贵州茅台酒

53%vol　6瓶，500mL/瓶
北京保利　2023-12-14　Lot 7050
估价：100 000—120 000元
成交价：117 300元

20世纪90年代产铁盖贵州茅台酒

53%vol　6瓶，500mL/瓶
北京永乐 2023-07-02 Lot 5044
估价：无底价
成交价：57 500元

20世纪90年代产珍品铁盖贵州茅台酒

53%vol　10瓶，375mL/瓶
北京保利 2023-07-05 Lot 7041
估价：270 000—300 000元
成交价：310 500元

2000—2009年产贵州茅台酒

53%vol 20瓶，500mL/瓶
中贸圣佳 2023-07-01 Lot 6395
估价：无底价
成交价：138 000元

2000年产飞天牌原箱贵州茅台酒

53%vol 36瓶，500mL/瓶（3箱×12瓶）
中国嘉德 2023-06-11 Lot 3457
估价：250 000—600 000元
成交价：483 000元

2000年产贵州茅台酒

53%vol　6瓶，500mL/瓶
北京保利　2023-07-05　Lot 7052
估价：61 000 —66 000元
成交价：70 150元

2000年产贵州茅台酒

53%vol　6瓶，500mL/瓶
西泠拍卖　2023-08-07　Lot 3920
估价：50 000 —70 000元
成交价：57 500元

2001年产陈年贵州茅台酒（15年）

53%vol　6瓶，500mL/瓶
北京永乐　2023-07-02　Lot 5058
估价：无底价
成交价：86 250元

2000年产贵州茅台酒

53%vol　12瓶，500mL/瓶
北京永乐　2023-07-02　Lot 5068
估价：无底价
成交价：138 000元

2000年产贵州茅台酒

53%vol　6瓶，500mL/瓶
西泠拍卖　2023-12-23　Lot 3430
估价：50 000 —70 000元
成交价：57 500元

2001年产贵州茅台酒

53%vol　6瓶，500mL/瓶
西泠拍卖　2023-08-07　Lot 3918
估价：45 000 —70 000元
成交价：51 750元

2001年产纪念足球出线原箱贵州茅台酒

53%vol　6瓶，500mL/瓶（1箱×6瓶）
西泠拍卖　2023-08-07　Lot 3913
估价：90 000—150 000元
成交价：109 250元

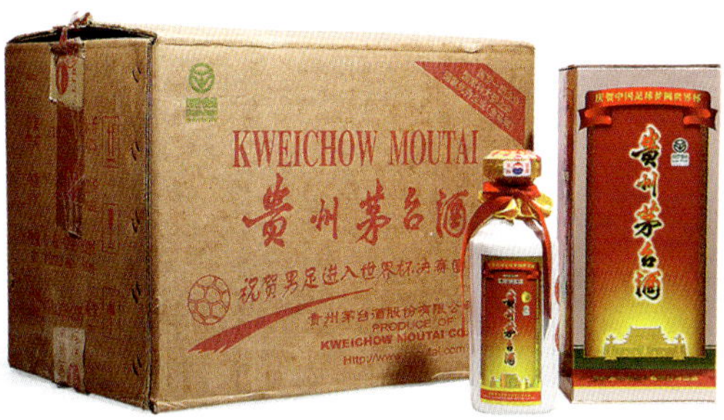

2002年产陈年贵州茅台酒（15年）

53%vol　6瓶，500mL/瓶
北京永乐　2023-07-02　Lot 5057
估价：无底价
成交价：81 650元

2002年产贵州茅台酒

53%vol　6瓶，500mL/瓶
西泠拍卖　2023-08-07　Lot 3917
估价：45 000—70 000元
成交价：55 200元

2001年产申奥成功原箱贵州茅台酒

53%vol　6瓶，500mL/瓶（1箱×6瓶）
西泠拍卖　2023-08-07　Lot 3914
估价：90 000—150 000元
成交价：103 500元

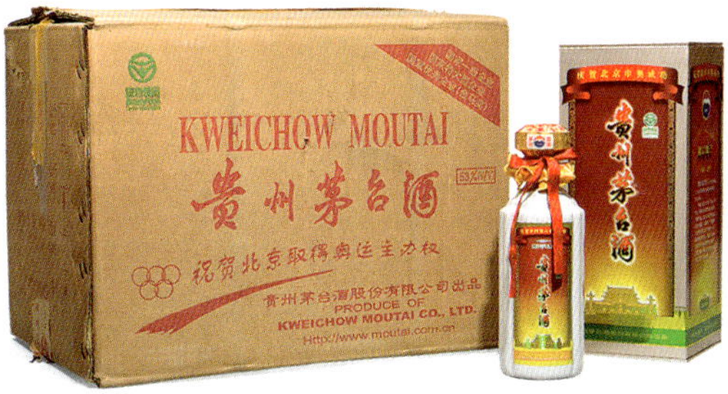

2002年产贵州茅台酒

53%vol　6瓶，500mL/瓶
北京保利　2023-12-14　Lot 7055
估价：53 000—57 000元
成交价：60 950元

2003年产陈年贵州茅台酒（15年）

53%vol　6瓶，500mL/瓶
北京永乐　2023-07-02　Lot 5056
估价：无底价
成交价：75 900元

2003年产刘剑锋升学定制铁盖原箱贵州茅台酒

53%vol　12瓶，500mL/瓶（1箱 × 12瓶）

中国嘉德 2023-11-29 Lot 3796

估价：100 000 —200 000元

成交价：195 500元

贵州茅台酒
中國名酒世界名酒
53%(V/V)
PRODUCE OF
KWEICHOW MOUTAI CO., LTD.

2003年产刘剑锋升学定制铁盖原箱贵州茅台酒

53%vol　12瓶，500mL/瓶（1箱×12瓶）
中国嘉德　2023-11-29 Lot 3795
估价：100 000 —200 000元
成交价：161 000元

2003年产刘剑锋升学定制铁盖原箱贵州茅台酒

53%vol　24瓶，500mL/瓶（2箱×12瓶）
中国嘉德　2023-11-29 Lot 3798
估价：200 000 —400 000元
成交价：437 000元

2003年产刘剑锋升学定制铁盖原箱贵州茅台酒

53%vol　24瓶，500mL/瓶（2箱×12瓶）
中国嘉德　2023-11-29 Lot 3797
估价：200 000—400 000元
成交价：437 000元

2003年产贵州茅台酒

53%vol　6瓶，500mL/瓶
西泠拍卖 2023-08-07 Lot 3916
估价：40 000—60 000元
成交价：51 750元

2003年产特殊贵州茅台酒

53%vol　2瓶，500mL/瓶
中贸圣佳 2023-07-01 Lot 6362
估价：无底价
成交价：92 000元

2003年产特殊原箱贵州茅台酒

53%vol　12瓶，500mL/瓶（1箱×12瓶）
中国嘉德 2023-06-11 Lot 3434
估价：200 000—300 000元
成交价：575 000元

2003年产特殊贵州茅台酒

53%vol　12瓶，500mL/瓶（1箱×12瓶）
中贸圣佳 2023-07-01 Lot 6363
估价：无底价
成交价：598 000元

2003年产原箱贵州茅台酒

53%vol　12瓶，500mL/瓶（1箱×12瓶）
北京保利 2023-12-14 Lot 7095
估价：92 000—126 000元
成交价：105 800元

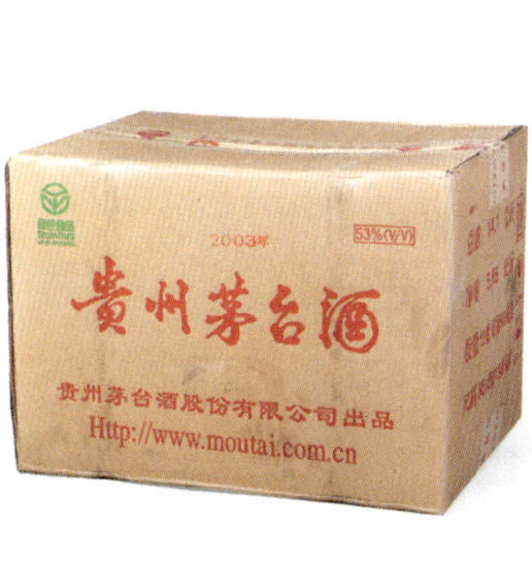

2003年产原箱贵州茅台酒

53%vol　12瓶，500mL/瓶(1箱×12瓶)
北京保利 2023-07-05 Lot 7071
估价：92 000—156 000元
成交价：105 800元

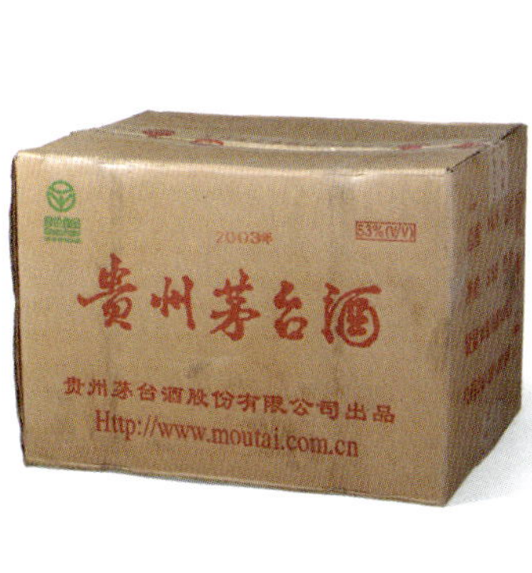

2003年产原箱贵州茅台酒

53%vol　12瓶，500mL/瓶(1箱×12瓶)
北京永乐 2023-07-02 Lot 5084
估价：无底价
成交价：80 500元

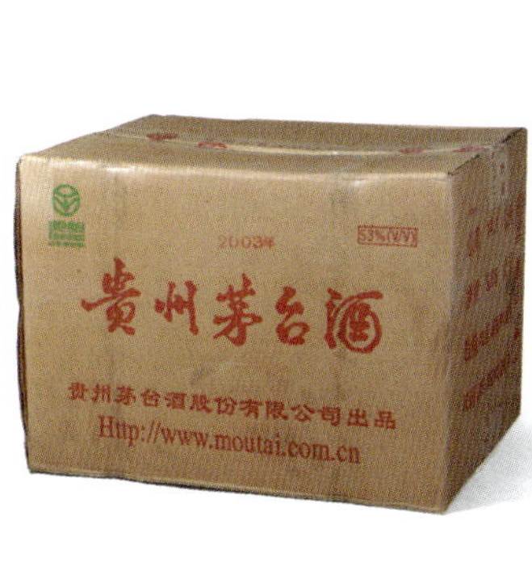

2003年产原箱贵州茅台酒

53%vol　12瓶，500mL/瓶（1箱×12瓶）
西泠拍卖　2023-08-07　Lot 3929
估价：85 000 —100 000元
成交价：101 200元

2003年产原箱贵州茅台酒

53%vol　12瓶，500mL/瓶（1箱×12瓶）
西泠拍卖　2023-12-23　Lot 3428
估价：85 000 —100 000元
成交价：103 500元

2004年产贵州茅台酒

53%vol　6瓶，500mL/瓶
北京永乐　2023-07-02　Lot 5070
估价：无底价
成交价：40 250元

2004年产原箱贵州茅台酒

53%vol　12瓶，500mL/瓶（1箱 × 12瓶）
北京保利　2023-12-14　Lot 7096
估价：71 000 — 120 000元
成交价：86 250元

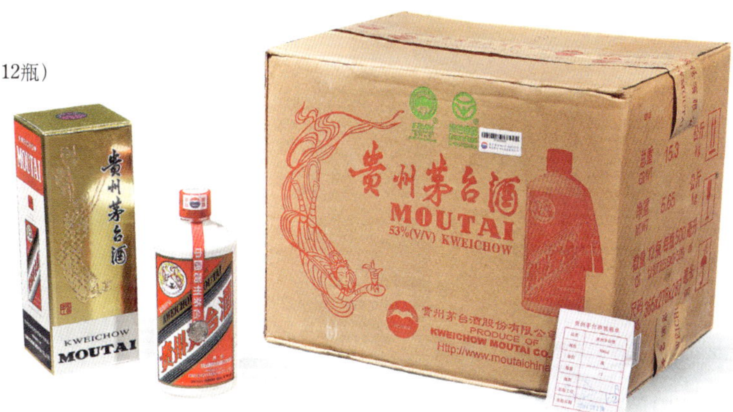

2004年产原箱贵州茅台酒

53%vol　12瓶，500mL/瓶(1箱 × 12瓶)
北京永乐　2023-07-02　Lot 5085
估价：无底价
成交价：80 500元

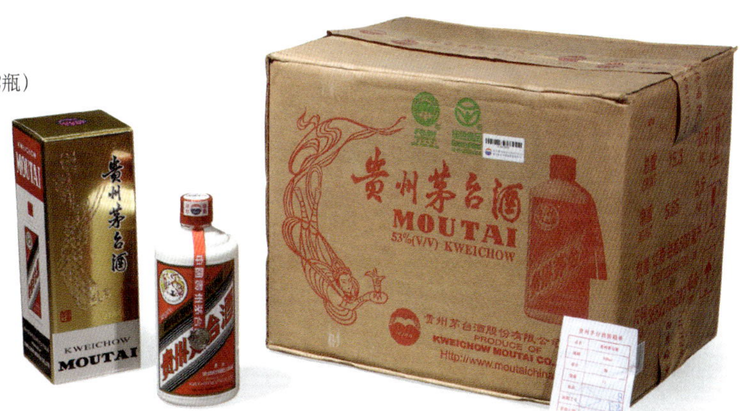

2004年产新铁盖贵州茅台酒

53%vol　2瓶，500mL/瓶
中贸圣佳　2023-07-01 Lot 6357
估价：无底价
成交价：109 250元

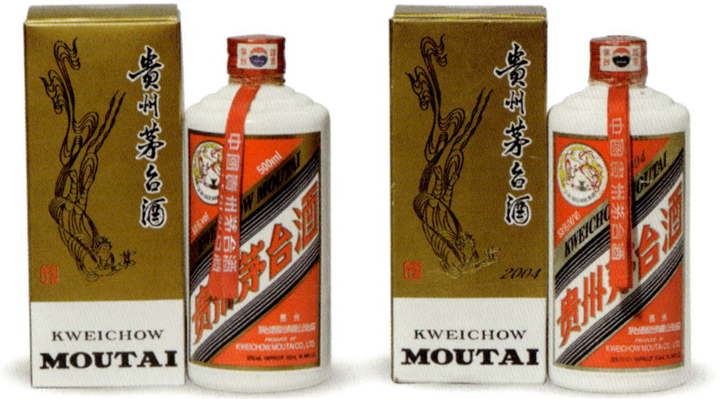

2005年、2006年、2007年产1680满天星贵州茅台酒

53%vol　3瓶，1680mL/瓶
中国嘉德　2023-11-29 Lot 3840
估价：10 000—20 000元
成交价：74 750元

2005年产北戴河暑期特殊原箱贵州茅台酒

53%vol　12瓶，500mL/瓶（1箱×12瓶）
中国嘉德　2023-11-29 Lot 3821
估价：150 000—300 000元
成交价：253 000元

2005年产陈年贵州茅台酒（15年）

53%vol　6瓶，500mL/瓶
北京永乐　2023-07-02　Lot 5054
估价：无底价
成交价：66 700元

2005年产贵州茅台酒

53%vol　4瓶，1000mL/瓶
北京保利　2023-12-14　Lot 7006
估价：56 000 —62 000元
成交价：64 400元

2005年产贵州茅台酒

53%vol　6瓶，500mL/瓶
北京永乐　2023-07-02　Lot 5071
估价：无底价
成交价：39 100元

2005年产纪念荣获巴拿马万国博览会金奖90周年原箱贵州茅台酒

53%vol　2瓶，500mL/瓶（1箱×2瓶）
中国嘉德　2023-11-29 Lot 3832
估价：50 000 — 100 000元
成交价：57 500元

2005年产原箱贵州茅台酒

53%vol　12瓶，500mL/瓶(1箱×12瓶)
北京保利　2023-07-05　Lot 7073
估价：78 000 — 132 000元
成交价：89 700元

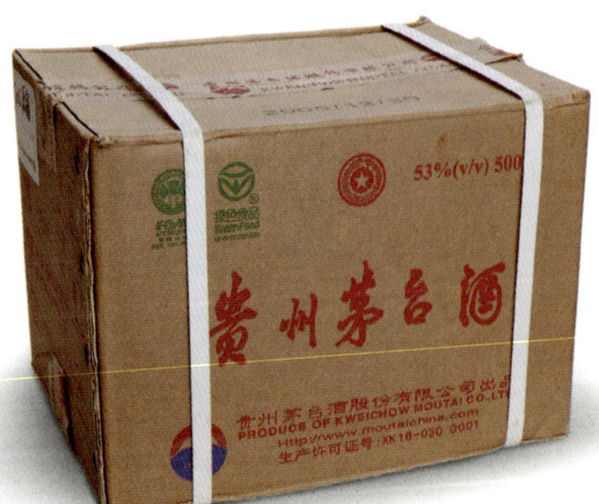

2005年产年份贵州茅台酒（15年）

53%vol　6瓶，500mL/瓶
北京保利　2023-07-05　Lot 7081
估价：60 500 — 81 000元
成交价：69 575元

2005年产原箱贵州茅台酒

53%vol　12瓶，500mL/瓶(1箱×12瓶)
北京永乐　2023-07-02　Lot 5086
估价：无底价
成交价：80 500元

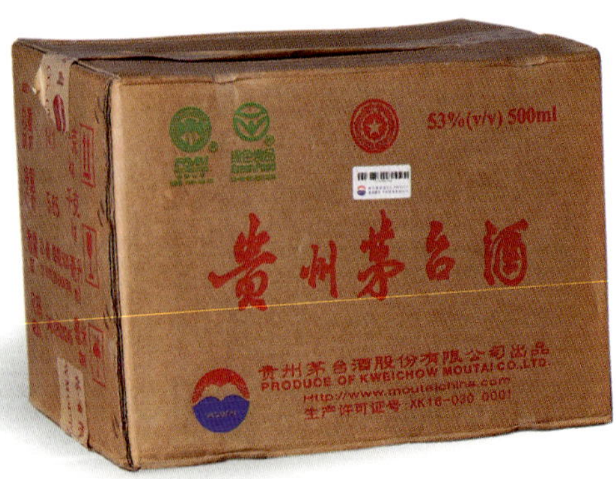

2005年产特殊陈酿原箱贵州茅台酒

53%vol　6瓶，500mL/瓶（1箱×6瓶）
中国嘉德　2023-11-29 Lot 3800
估价：100 000—300 000元
成交价：218 500元

2006—2007年产特殊陈酿贵州茅台酒

53%vol　5瓶，500mL/瓶
中贸圣佳　2023-07-01 Lot 6358
估价：无底价
成交价：138 000元

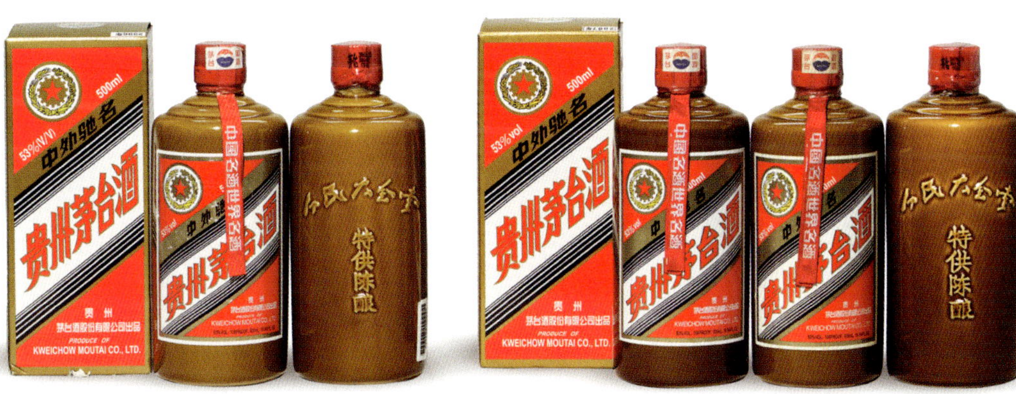

2006年产北戴河暑期特殊原箱贵州茅台酒

53%vol　12瓶，500mL/瓶（1箱×12瓶）

中国嘉德　2023-06-11　Lot 3452

估价：100 000—150 000元

成交价：253 000元

2006年产陈年贵州茅台酒（15年）

53%vol　6瓶，500mL/瓶

北京永乐　2023-07-02　Lot 5053

估价：无底价

成交价：64 400元

2006年产陈年贵州茅台酒（30年）

53%vol　6瓶，500mL/瓶

北京永乐　2023-07-02　Lot 5064

估价：无底价

成交价：132 250元

2006年产贵州茅台酒

53%vol　4瓶，1000mL/瓶

北京保利　2023-12-14　Lot 7005

估价：45 000—50 000元

成交价：51 750元

2006年产贵州茅台酒

53%vol　6瓶，500mL/瓶

北京保利　2023-12-14　Lot 7059

估价：36 000—42 000元

成交价：41 400元

2006年产金奖纪念原箱贵州茅台酒

53%vol　12瓶，500mL/瓶（2箱×6瓶）

中国嘉德　2023-11-29 Lot 3856

估价：10 000—20 000元

成交价：86 250元

2006年产年份贵州茅台酒（80年）

53%vol　1瓶，500mL/瓶
中国嘉德　2023-06-11　Lot 3352
估价：10 000 —20 000元
成交价：230 000元

2006年产年份贵州茅台酒（30年）

53%vol　6瓶，500mL/瓶
北京保利　2023-07-05　Lot 7083
估价：120 000—135 000元
成交价：138 000元

2006年产特殊陈酿原箱贵州茅台酒

53%vol　6瓶，500mL/瓶（1箱×6瓶）
中国嘉德　2023-11-29 Lot 3801
估价：100 000—300 000元
成交价：195 500元

2006年产原箱贵州茅台酒

53%vol　12瓶，500mL/瓶(1箱×12瓶)
北京保利　2023-07-05　Lot 7074
估价：73 000 —120 000元
成交价：83 950元

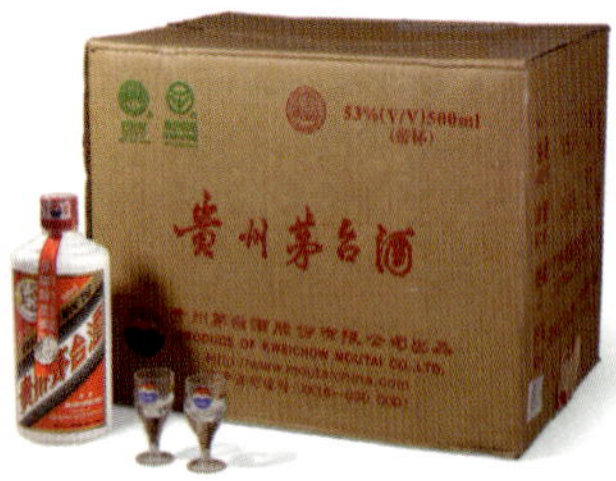

2006年产原箱贵州茅台酒

53%vol　12瓶，500mL/瓶(1箱×12瓶)
北京永乐　2023-07-02　Lot 5087
估价：无底价
成交价：69 000元

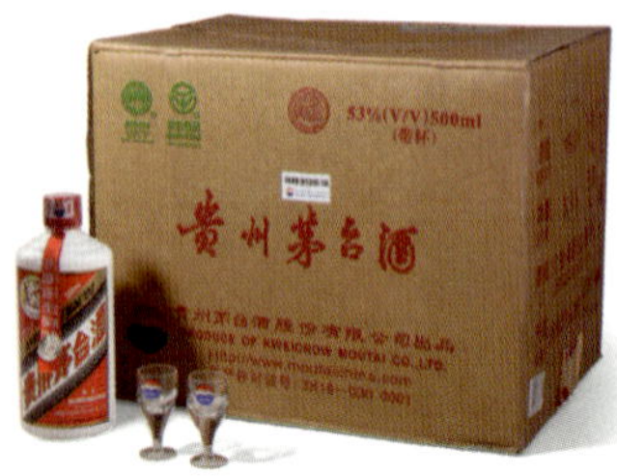

2007年产年份原箱贵州茅台酒（30年）

53%vol　6瓶，500mL/瓶（1箱×6瓶）
中国嘉德　2023-11-29 Lot 3872
估价：10 000 —20 000元
成交价：138 000元

2007年产贵州茅台酒

53%vol　6瓶，500mL/瓶
北京保利　2023-12-14　Lot 7060
估价：33 000 —39 000元
成交价：37 950元

2007年产贵州茅台酒

53%vol　6瓶，500mL/瓶
北京永乐　2023-07-02　Lot 5072
估价：无底价
成交价：34 500元

2007年产特殊陈酿原箱贵州茅台酒

53%vol　6瓶，500mL/瓶（1箱×6瓶）
中国嘉德　2023-06-11　Lot 3442
估价：100 000 —200 000元
成交价：345 000元

2007年产特殊陈酿原箱贵州茅台酒

53%vol　6瓶，500mL/瓶（1箱×6瓶）
中国嘉德　2023-11-29 Lot 3802
估价：100 000 —300 000元
成交价：138 000元

2007年产北戴河暑期特殊原箱贵州茅台酒

53%vol　12瓶，500mL/瓶（1箱×12瓶）
中国嘉德　2023-11-29 Lot 3822
估价：150 000 —300 000元
成交价：172 500元

2007年产特殊原箱贵州茅台酒

53%vol 12瓶，500mL/瓶（1箱×12瓶）
中国嘉德 2023-06-11 Lot 3435
估价：150 000 —220 000元
成交价：437 000元

贵州茅台酒
KWEICHOW MOUTAI
500ml
53%vol

2007年产香港回归10周年纪念原箱贵州茅台酒

53%vol　6瓶，500mL/瓶（1箱×6瓶）
西泠拍卖　2023-12-23　Lot 3427
估价：100 000—180 000元
成交价：115 000元

2007年产原箱贵州茅台酒

53%vol　12瓶，500mL/瓶（1箱×12瓶）
北京保利　2023-12-14　Lot 7099
估价：60 000—102 000元
成交价：69 000元

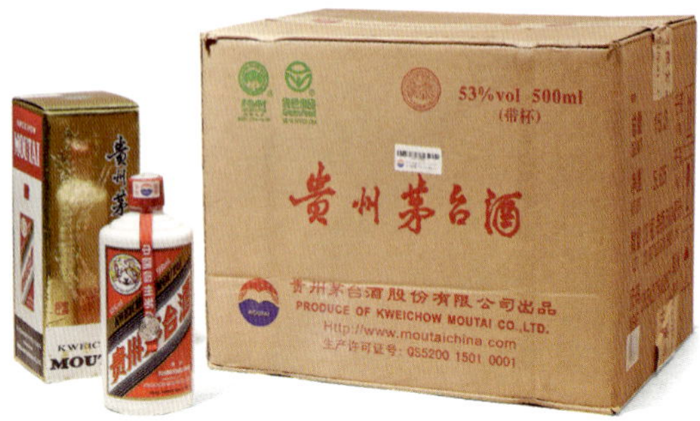

2007年产特殊原箱贵州茅台酒

53%vol　12瓶，500mL/瓶（1箱×12瓶）
中国嘉德　2023-11-29 Lot 3817
估价：100 000—300 000元
成交价：149 500元

2007年产原箱贵州茅台酒

53%vol　12瓶，500mL/瓶(1箱×12瓶)
北京永乐　2023-07-02　Lot 5088
估价：无底价
成交价：57 500元

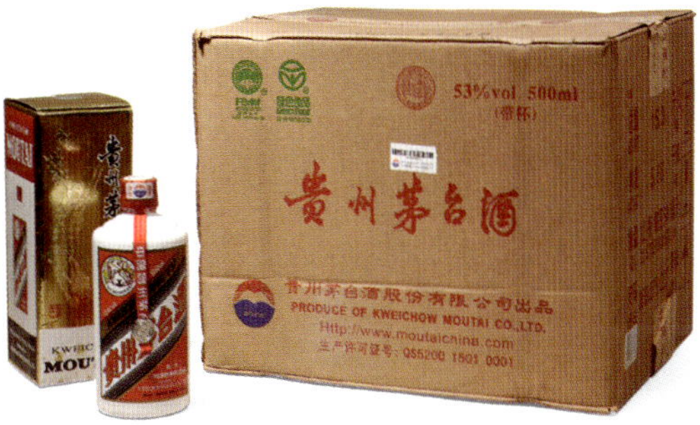

2008年产飞天牌原箱贵州茅台酒

53%vol　12瓶，500mL/瓶(1箱×12瓶)
北京保利　2023-07-05　Lot 7092
估价：56 000—90 000元
成交价：64 400元

2008年产特殊陈酿原箱贵州茅台酒

53%vol 6瓶，500mL/瓶（1箱×6瓶）
中国嘉德 2023-06-11 Lot 3443
估价：100 000—200 000元
成交价：356 500元

2008年产北戴河暑期特殊原箱贵州茅台酒

53%vol 12瓶，500mL/瓶（1箱×12瓶）
中国嘉德 2023-06-11 Lot 3453
估价：100 000—150 000元
成交价：230 000元

2008年产贵州茅台酒

53%vol　6瓶，500mL/瓶
北京永乐　2023-07-02　Lot 5073
估价：无底价
成交价：34 500元

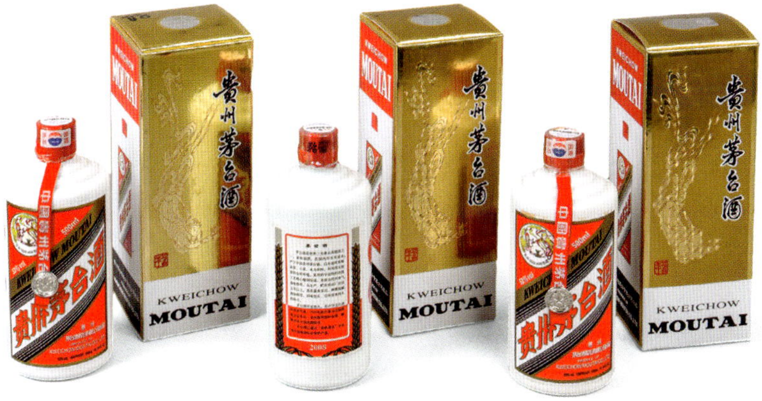

2008年产奥运纪念原箱贵州茅台酒

53%vol　6瓶，750mL/瓶（1箱×6瓶）
西泠拍卖　2023-08-07　Lot 3912
估价：110 000—150 000元
成交价：126 500元

2008年产特殊陈酿原箱贵州茅台酒

53%vol　6瓶，500mL/瓶（1箱×6瓶）
中国嘉德　2023-11-29 Lot 3803
估价：100 000—300 000元
成交价：138 000元

2008年产外交使团专用贵州茅台酒

53%vol　24瓶，500mL/瓶（2箱×12瓶）

中国嘉德　2023-06-11　Lot 3459

估价：150 000—300 000元

成交价：172 500元

2008年产纪念体育盛事贵州茅台酒

53%vol　24瓶，500mL/瓶；12瓶，750mL/瓶

中国嘉德　2023-11-29 Lot 3849

估价：250 000 —450 000元

成交价：287 500元

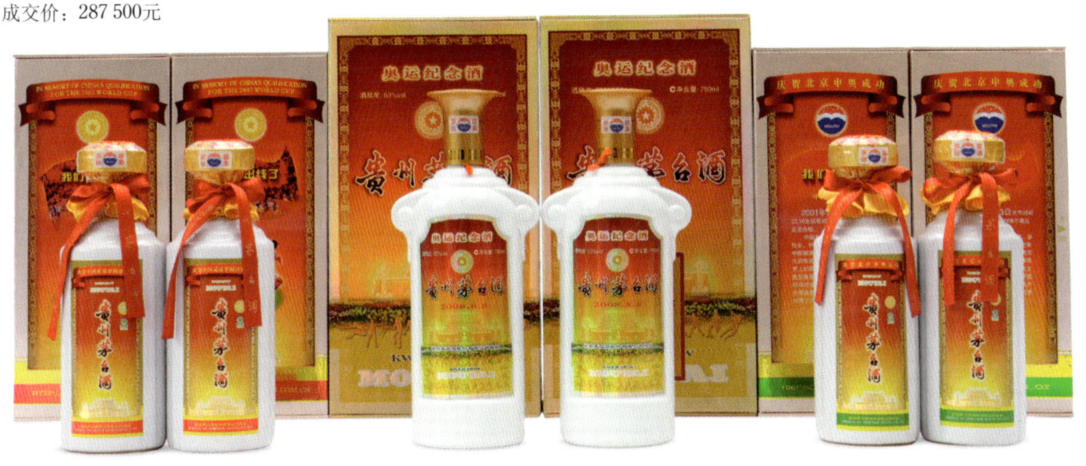

2008年产特殊原箱贵州茅台酒

53%vol　12瓶，500mL/瓶（1箱×12瓶）

中国嘉德　2023-06-11　Lot 3436

估价：150 000 —220 000元

成交价：506 000元

2008年产原箱贵州茅台酒

53%vol　12瓶，500mL/瓶(1箱×12瓶)
北京永乐　2023-07-02　Lot 5089
估价：无底价
成交价：57 500元

2009年产建国60周年贵州茅台酒

53%vol　1瓶，600mL/瓶
西泠拍卖　2023-12-23　Lot 3424
估价：32 000—50 000元
成交价：36 800元

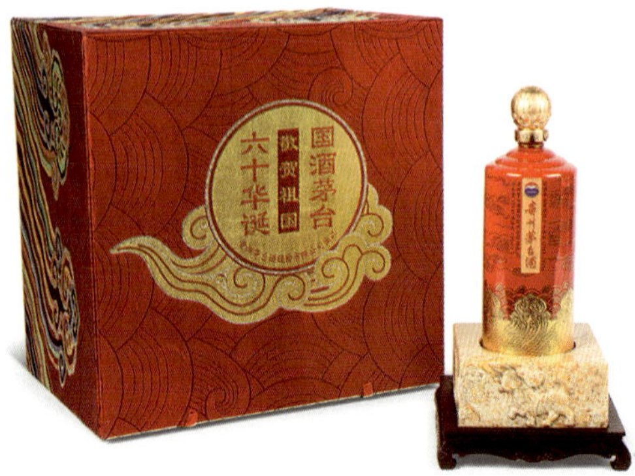

2009年产陈年贵州茅台酒（30年）

53%vol　6瓶，500mL/瓶
北京永乐　2023-07-02　Lot 5063
估价：无底价
成交价：126 500元

2009年产敬贺祖国60周年华诞贵州茅台酒（50年）

53%vol　2瓶，600mL/瓶
中贸圣佳 2023-07-01 Lot 6377
估价：无底价
成交价：126 500元

2009年产纪念澳门回归10周年原箱贵州茅台酒

53%vol　12瓶，500mL/瓶（4箱×3瓶）
中国嘉德　2023-11-29 Lot 3850
估价：150 000 —300 000元
成交价：195 500元

2009年产1680满天星原箱贵州茅台酒

53%vol　3瓶，1680mL/瓶（1箱×3瓶）
中国嘉德　2023-11-29 Lot 3841
估价：10 000 —20 000元
成交价：80 500元

2009年产贵州茅台酒

53%vol　6瓶，500mL/瓶
北京保利　2023-12-14　Lot 7007
估价：39 000 —45 000元
成交价：44 850元

2009年产卡慕原箱贵州茅台酒

53%vol　48瓶，375mL/瓶（4箱×12瓶）
中国嘉德　2023-06-11　Lot 3466
估价：100 000 —250 000元
成交价：322 000元

2009年产卡慕原箱贵州茅台酒

53%vol　60瓶，375mL/瓶（5箱×12瓶）
中国嘉德　2023-11-29 Lot 3843
估价：100 000 —300 000元
成交价：195 500元

2009年产庆祝建国60周年纪念原箱贵州茅台酒

53%vol　4瓶，600mL/瓶（1箱 × 4瓶）
中国嘉德　2023-06-11　Lot 3461
估价：150 000 —300 000元
成交价：287 500元

2009年产世纪经典原箱贵州茅台酒

53%vol　30瓶，500mL/瓶（5箱 × 6瓶）
中国嘉德　2023-11-29 Lot 3842
估价：100 000 —300 000元
成交价：172 500元

2009年产特殊陈酿原箱贵州茅台酒

53%vol　6瓶，500mL/瓶（1箱 × 6瓶）
中国嘉德　2023-06-11　Lot 3444
估价：100 000 —200 000元
成交价：402 500元

2009年产特殊陈酿原箱贵州茅台酒

53%vol　6瓶，500mL/瓶（1箱×6瓶）
中国嘉德　2023-11-29 Lot 3804
估价：100 000 —300 000元
成交价：138 000元

2009年产原箱贵州茅台酒

53%vol　12瓶，500mL/瓶（1箱×12瓶）
北京永乐　2023-07-02　Lot 5090
估价：无底价
成交价：46 000元

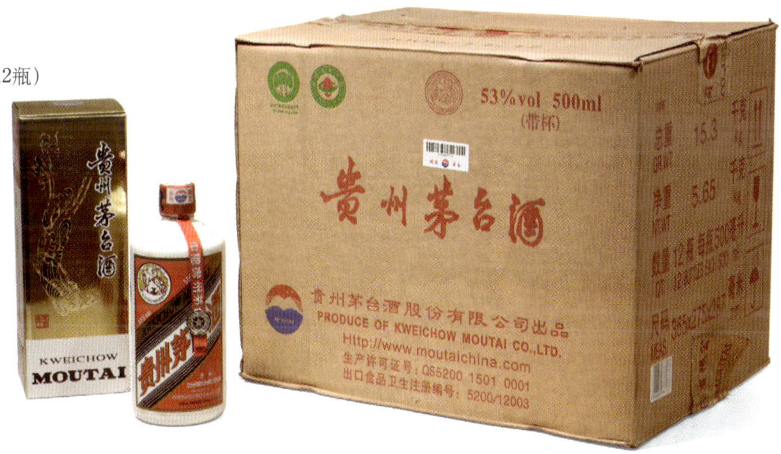

2010年产贵宾原箱贵州茅台酒

53%vol　48瓶，500mL/瓶（8箱×6瓶）
中国嘉德　2023-06-11　Lot 3465
估价：100 000 —250 000元
成交价：368 000元

2010年产贵宾原箱贵州茅台酒

53%vol　60瓶，500mL/瓶（10箱×6瓶）

中国嘉德　2023-11-29 Lot 3844

估价：100 000 —300 000元

成交价：264 500元

2010年产贵州茅台酒

53%vol　6瓶，500mL/瓶

北京永乐　2023-07-02　Lot 5074

估价：无底价

成交价：32 200元

2010年产红茅原箱贵州茅台酒

53%vol　6瓶，500mL/瓶（1箱×6瓶）

北京永乐　2023-07-02　Lot 5017

估价：无底价

成交价：46 000元

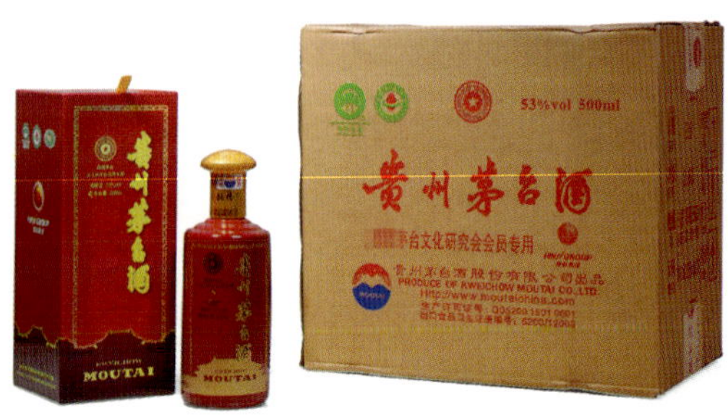

2010年产黄永玉十二生肖套装贵州茅台酒（典藏版）

53%vol　12瓶，500mL/瓶（2箱×6瓶）

中国嘉德 2023-06-11 Lot 3467

估价：300 000 —400 000元

成交价：345 000元

2010年产特殊陈酿原箱贵州茅台酒

53%vol　6瓶，500mL/瓶（1箱×6瓶）

中国嘉德 2023-11-29 Lot 3805

估价：50 000—150 000元

成交价：109 250元

2011—2020年产十瓶组合贵州茅台酒

53%vol　10瓶，500mL/瓶

北京保利 2023-07-05 Lot 7039

估价：40 800—42 000元

成交价：46 920元

2011—2016年产陈年贵州茅台酒（15年）

53%vol　6瓶，500mL/瓶
北京永乐　2023-07-02　Lot 5060
估价：无底价
成交价：230 000元

2011年产陈年贵州茅台酒（30年）

53%vol　6瓶，500mL/瓶
北京永乐　2023-07-02　Lot 5062
估价：无底价
成交价：115 000元

2011年产陈年贵州茅台酒（15年）

53%vol　6瓶，500mL/瓶
北京保利　2023-12-14　Lot 7075
估价：48 000—63 000元
成交价：55 200元

2011年产大木漆珍品贵州茅台酒

53%vol　6瓶，500mL/瓶
北京保利　2023-12-14　Lot 7089
估价：21 500—40 000元
成交价：24 725元

2011年产陈年贵州茅台酒（15年）

53%vol　6瓶，500mL/瓶
北京永乐　2023-07-02　Lot 5052
估价：无底价
成交价：48 300元

2011年产贵州茅台酒

53%vol　6瓶，500mL/瓶
北京保利　2023-12-14　Lot 7064
估价：29 000—31 000元
成交价：33 350元

2011年产特殊原箱贵州茅台酒

53%vol　12瓶，500mL/瓶（1箱×12瓶）
中国嘉德　2023-06-11　Lot 3437
估价：100 000 —250 000元
成交价：552 000元

2011年产新铁盖原箱贵州茅台酒

53%vol　12瓶，500mL/瓶（1箱×12瓶）
中国嘉德　2023-06-11　Lot 3433
估价：300 000 —600 000元
成交价：517 500元

2011年产特殊专用原箱贵州茅台酒

53%vol　12瓶，500mL/瓶（1箱×12瓶）

中国嘉德 2023-11-29 Lot 3834

估价：100 000—200 000元

成交价：138 000元

2011年产红茅原箱贵州茅台酒

53%vol　6瓶，500mL/瓶（1箱×6瓶）
北京永乐　2023-07-02　Lot 5018
估价：无底价
成交价：42 550元

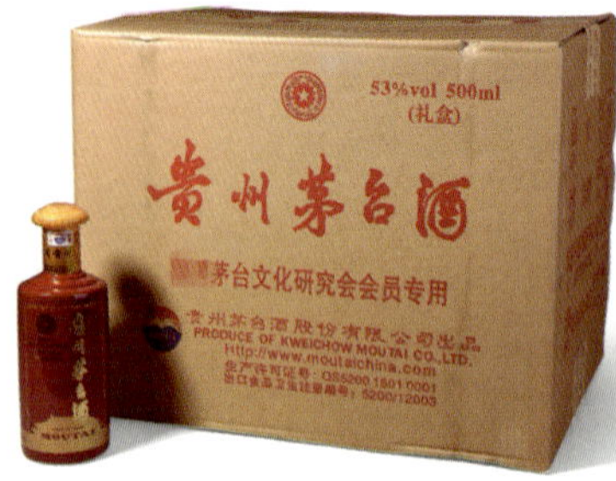

2011年产饮酒思源改开30周年珍藏版原箱贵州茅台酒

53%vol　4瓶，500mL/瓶（1箱×4瓶）
西泠拍卖　2023-08-07　Lot 3910
估价：40 000—60 000元
成交价：48 300元

2011年产原箱贵州茅台酒

53%vol　12瓶，500mL/瓶(1箱×12瓶)
北京保利　2023-07-05　Lot 7078
估价：52 000—78 000元
成交价：59 800元

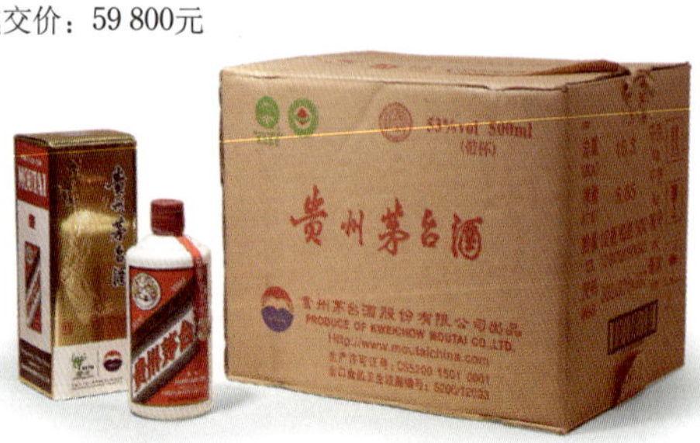

2011年产年份贵州茅台酒（30年）

53%vol　6瓶，500mL/瓶
北京保利　2023-07-05　Lot 7085
估价：104 000—120 000元
成交价：119 600元

2011年产专卖店原箱贵州茅台酒

53%vol　48瓶，500mL/瓶（4箱×12瓶）
中国嘉德　2023-11-29 Lot 3869
估价：30 000—150 000元
成交价：276 000元

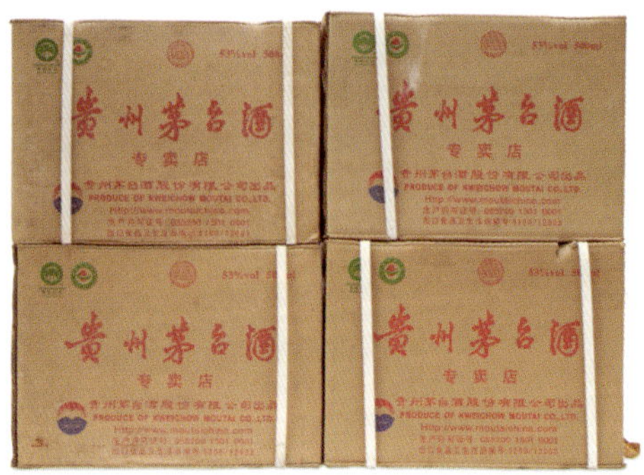

2012年产陈年贵州茅台酒（15年）

53%vol　6瓶，500mL/瓶
北京永乐　2023-07-02　Lot 5051
估价：无底价
成交价：50 600元

2011年产京西宾馆原箱贵州茅台酒

53%vol　12瓶，500mL/瓶（1箱×12瓶）
中国嘉德　2023-11-29 Lot 3837
估价：50 000 —100 000元
成交价：109 250元

2012—2013年产京西宾馆原箱贵州茅台酒

53%vol　24瓶，500mL/瓶（2箱×12瓶）
中国嘉德　2023-11-29 Lot 3838
估价：100 000 —200 000元
成交价：172 500元

2012年产陈年贵州茅台酒（30年）

53%vol　6瓶，500mL/瓶
北京永乐　2023-07-02　Lot 5061
估价：无底价
成交价：109 250元

2012年产贵州茅台酒

53%vol　6瓶，500mL/瓶
北京保利　2023-07-05　Lot 7062
估价：23 000 —29 000元
成交价：26 450元

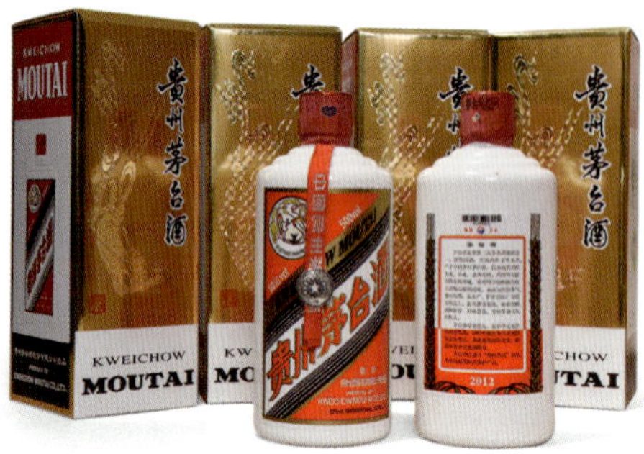

2012年产红茅贵州茅台酒

53%vol　8瓶，500mL/瓶(2箱×4瓶)
北京永乐　2023-07-02　Lot 5019
估价：无底价
成交价：47 150元

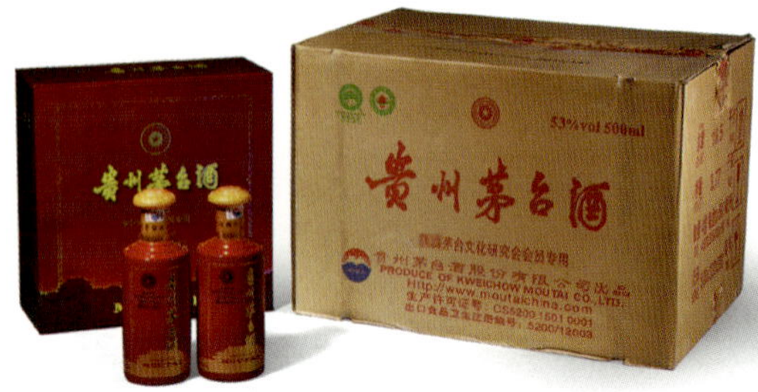

2012年产贵州茅台酒

53%vol　6瓶，500mL/瓶
北京永乐　2023-07-02　Lot 5075
估价：无底价
成交价：51 750元

2012年产见证历史、光辉历程原箱贵州茅台酒

53%vol　8瓶，500mL/瓶（1箱×8瓶）
中国嘉德　2023-11-29 Lot 3854
估价：10 000 —20 000元
成交价：80 500元

2012年产孔子纪念酒原箱贵州茅台酒

53%vol　60瓶，500mL/瓶（10箱×6瓶）
中国嘉德　2023-06-11　Lot 3464
估价：100 000 —200 000元
成交价：345 000元

2012年产世纪经典贵州茅台酒

53%vol　2瓶，500mL/瓶
北京保利　2023-12-14　Lot 7008
估价：12 800 —16 000元
成交价：14 720元

2012年产孔子纪念原箱贵州茅台酒

53%vol　30瓶，500mL/瓶（5箱×6瓶）
中国嘉德　2023-11-29 Lot 3855
估价：10 000 —20 000元
成交价：149 500元

2012年产特殊陈酿原箱贵州茅台酒

53%vol　12瓶，500mL/瓶（2箱×6瓶）
中国嘉德　2023-06-11　Lot 3445
估价：150 000 —250 000元
成交价：345 000元

2012年产航空母舰特制纪念贵州茅台酒

53%vol　2瓶，750mL/瓶（2箱×1瓶）

中国嘉德　2023-06-11　Lot 3463

估价：150 000—250 000元

成交价：322 000元

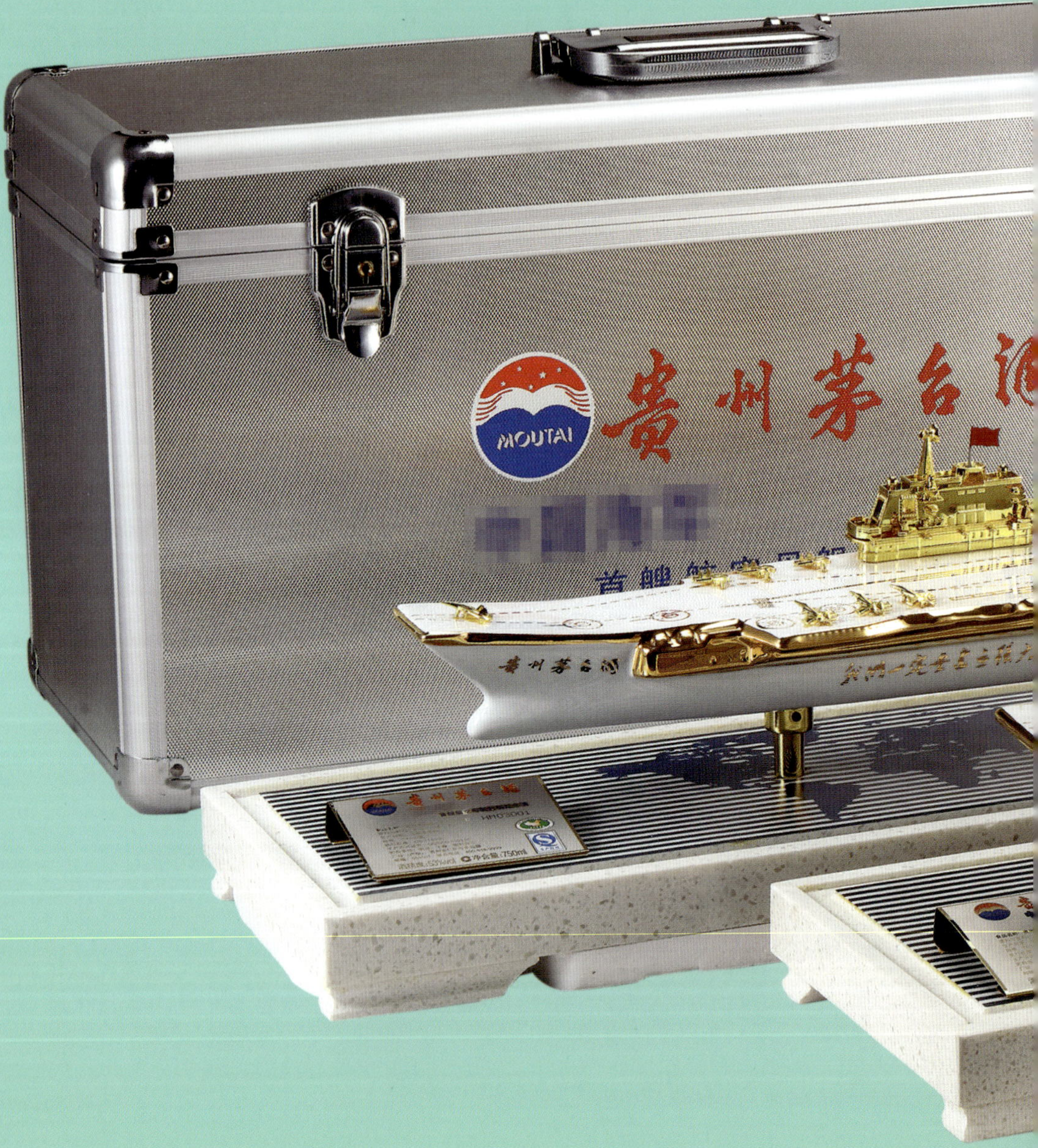

2012年产马万祺先生专用原箱贵州茅台酒

53%vol　12瓶，500mL/瓶（1箱×12瓶）
中国嘉德　2023-11-29 Lot 3835
估价：80 000 —100 000元
成交价：138 000元

2012年产原箱贵州茅台酒

53%vol　12瓶，500mL/瓶(1箱×12瓶)
北京保利　2023-07-05　Lot 7079
估价：48 000 —72 000元
成交价：55 200元

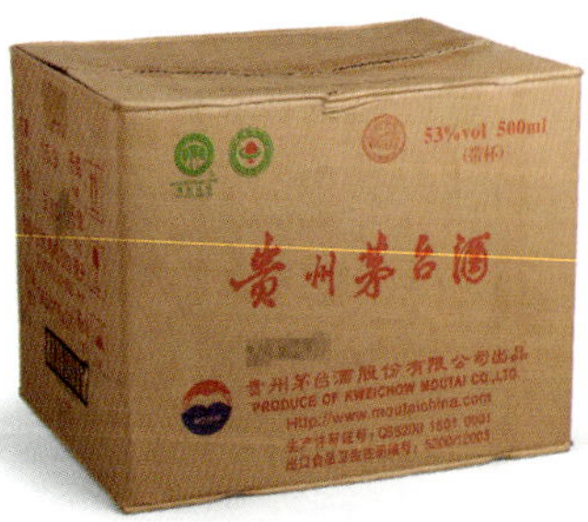

2012年产原箱贵州茅台酒

53%vol　12瓶，500mL/瓶(1箱×12瓶)
北京永乐　2023-07-02　Lot 5092
估价：无底价
成交价：36 800元

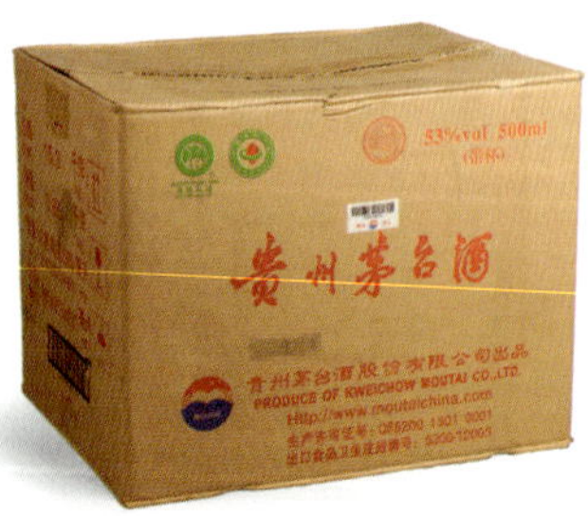

2012年产中国体育代表团庆功原箱贵州茅台酒

53%vol　6瓶，500mL/瓶(1箱×6瓶)
北京永乐　2023-07-02　Lot 5008
估价：无底价
成交价：40 250元

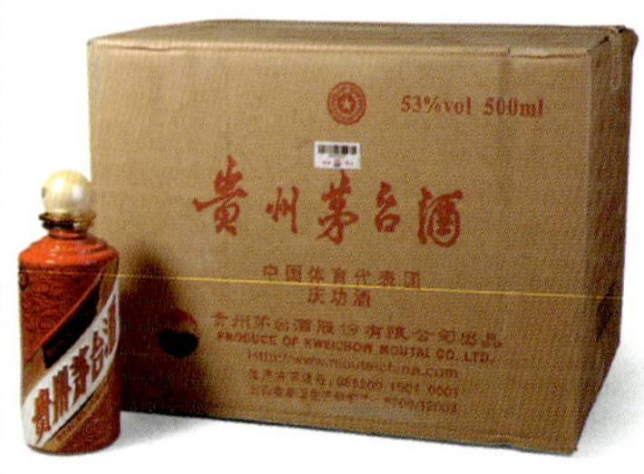

2012年产特殊陈酿原箱贵州茅台酒

53%vol　12瓶，500mL/瓶（1箱×6瓶）
中贸圣佳 2023-07-01 Lot 6366
估价：无底价
成交价：103 500元

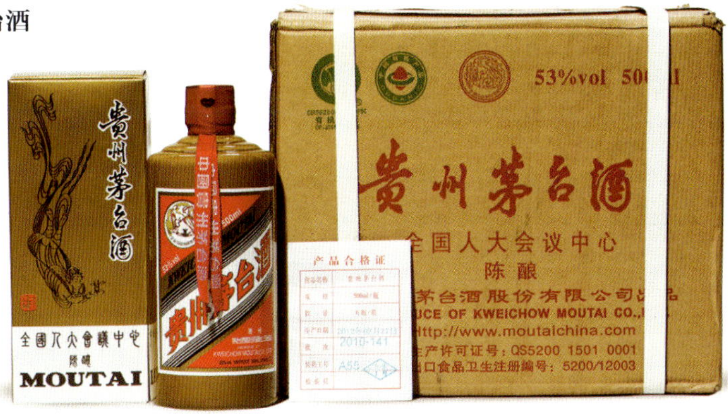

2013年产VA原箱贵州茅台酒

53%vol　30瓶，500mL/瓶（5箱×6瓶）
中国嘉德 2023-11-29 Lot 3839
估价：80 000—200 000元
成交价：138 000元

2013年产陈年贵州茅台酒（15年）

53%vol　6瓶，500mL/瓶
北京永乐 2023-07-02 Lot 5050
估价：无底价
成交价：48 300元

2013年产飞天牌绿色贵州茅台酒

53%vol 6瓶，500mL/瓶（1箱×6瓶）
中贸圣佳 2023-07-01 Lot 6387
估价：无底价
成交价：74 750元

2013年产红茅原箱贵州茅台酒

53%vol 6瓶，500mL/瓶（1箱×6瓶）
北京永乐 2023-07-02 Lot 5020
估价：无底价
成交价：37 950元

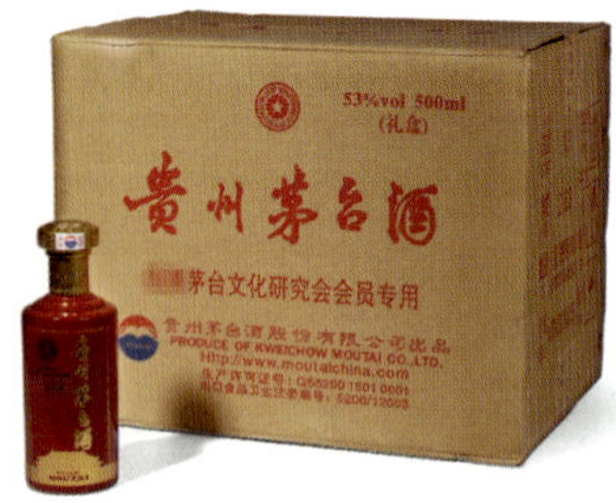

2013年产精品原箱贵州茅台酒

53%vol 6瓶，500mL/瓶(1箱×6瓶)
北京保利 2023-07-05 Lot 7100
估价：53 000—65 000元
成交价：60 950元

2013年产茅台文化研究会会员原箱贵州茅台酒

53%vol 6瓶，500mL/瓶（1箱×6瓶）
北京保利 2023-12-14 Lot 7032
估价：33 000—50 000元
成交价：37 950元

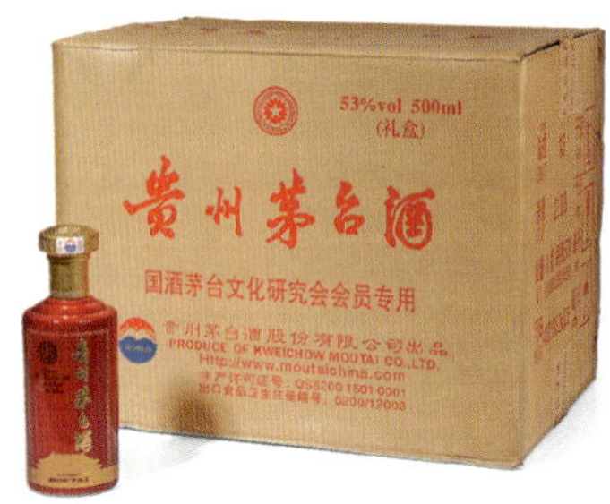

2013年产贵宾特制原箱贵州茅台酒

53%vol 6瓶，500mL/瓶（1箱×6瓶）
中国嘉德 2023-11-29 Lot 3845
估价：10 000—20 000元
成交价：51 750元

2013年产特殊原箱贵州茅台酒

53%vol 12瓶，500mL/瓶（2箱×6瓶）
中贸圣佳 2023-07-01 Lot 6364
估价：无底价
成交价：218 500元

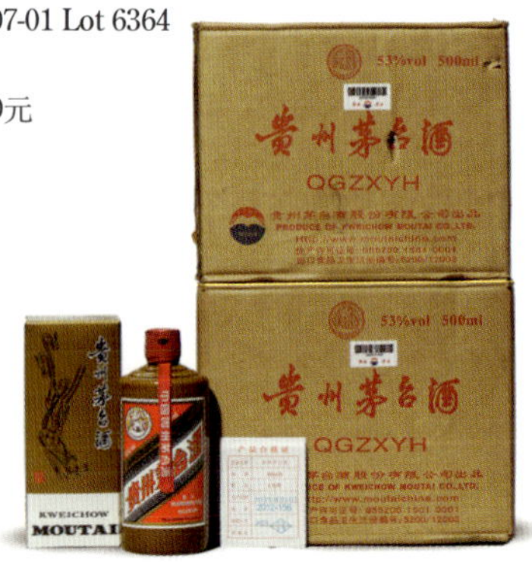

2013年产贵州茅台酒

53%vol　12瓶，500mL/瓶
北京永乐　2023-07-02　Lot 5076
估价：无底价
成交价：46 000元

2013年产贵州茅台酒

53%vol　6瓶，500mL/瓶
北京保利　2023-12-14　Lot 7066
估价：22 000 —27 000元
成交价：25 300元

2013年产年份贵州茅台酒（15年）

53%vol　6瓶，500mL/瓶
北京保利　2023-07-05　Lot 7087
估价：45 000 —57 000元
成交价：51 750元

2013年产精品原箱贵州茅台酒

53%vol　90瓶，500mL/瓶（15箱×6瓶）
中国嘉德 2023-06-11 Lot 3441
估价：350 000 —800 000元
成交价：782 000元

2013年产精品原箱贵州茅台酒

53%vol　60瓶，500mL/瓶（10箱×6瓶）
中国嘉德 2023-11-29 Lot 3819
估价：250 000 —400 000元
成交价：667 000元

2013年产特殊陈酿原箱贵州茅台酒

53%vol 12瓶，500mL/瓶（2箱×6瓶）
中国嘉德 2023-06-11 Lot 3446
估价：150 000—250 000元
成交价：460 000元

2013年产特殊原箱贵州茅台酒

53%vol 24瓶，500mL/瓶（4箱×6瓶）
中国嘉德 2023-06-11 Lot 3438
估价：100 000—250 000元
成交价：517 500元

2013年产特殊陈酿原箱贵州茅台酒

53%vol　6瓶，500mL/瓶（1箱×6瓶）
中国嘉德　2023-11-29 Lot 3806
估价：50 000—150 000元
成交价：115 000元

2013年产特殊原箱贵州茅台酒

53%vol　18瓶，500mL/瓶（3箱×6瓶）
中贸圣佳　2023-07-01 Lot 6365
估价：无底价
成交价：322 000元

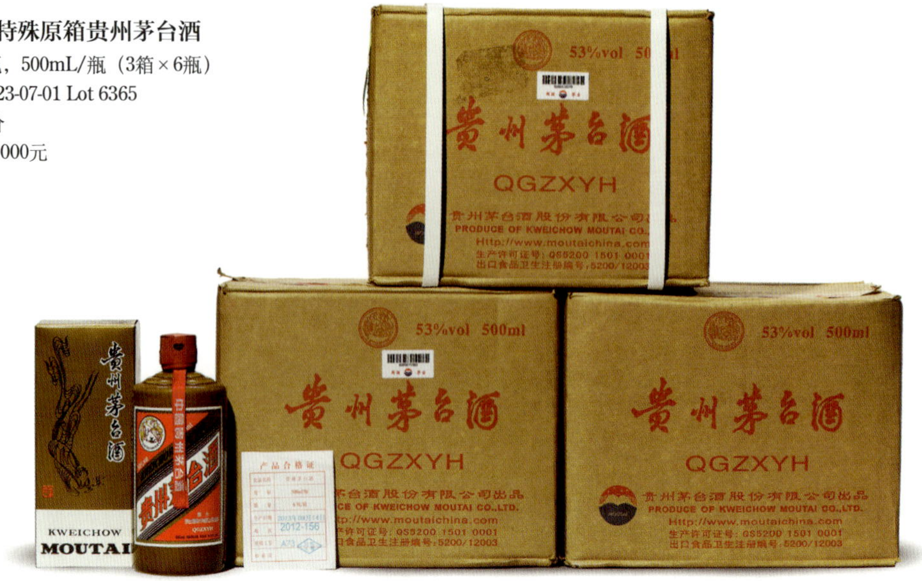

2014—2023年产马、羊、猴、鸡、狗、猪、鼠、牛、虎生肖纪念贵州茅台酒（赠兔年产生肖纪念贵州茅台酒）

53%vol　10瓶，500mL/瓶
北京保利　2023-07-05　Lot 7016
估价：85 000—100 000元
成交价：97 750元

2014年产百年金奖辉煌贵州茅台酒

53%vol　120瓶，500mL/瓶（20箱×6瓶）
中国嘉德　2023-11-29 Lot 3818
估价：600 000—1 000 000元
成交价：1 035 000元

2014年产贵州茅台酒

53%vol　6瓶，500mL/瓶
北京保利　2023-12-14　Lot 7067
估价：21 500—26 000元
成交价：24 725元

2014年产贵州茅台酒

53%vol　6瓶，500mL/瓶
北京永乐　2023-07-02　Lot 5077
估价：无底价
成交价：43 700元

2014年产特殊贵原箱州茅台酒

53%vol　24瓶，500mL/瓶（2箱×12瓶）

中国嘉德　2023-06-11　Lot 3439

估价：100 000 —250 000元

成交价：299 000元

2014年产年份原箱贵州茅台酒（15年）

53%vol　12瓶，500mL/瓶（2箱×6瓶）
中贸圣佳　2023-07-01 Lot 6371
估价：无底价
成交价：115 000元

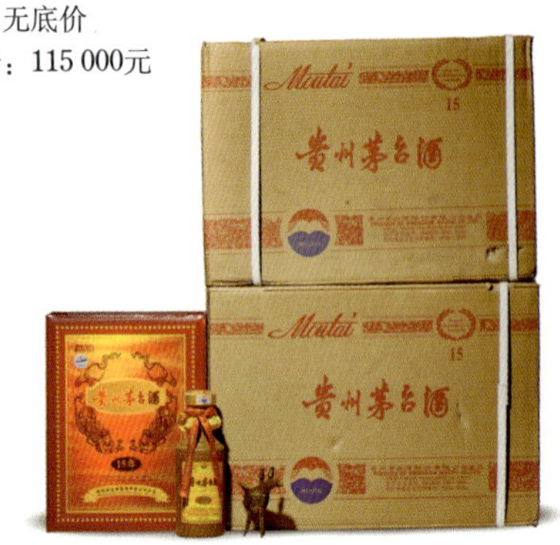

2015年产国酒定制原箱贵州茅台酒

53%vol　1瓶，5000mL/瓶
中国嘉德　2023-11-29 Lot 3846
估价：10 000—20 000元
成交价：69 000元

2015年产特殊陈酿原箱贵州茅台酒

53%vol　3瓶，2.5L（1箱×2瓶+1瓶）
中国嘉德　2023-06-11　Lot 3448
估价：100 000—300 000元
成交价：667 000元

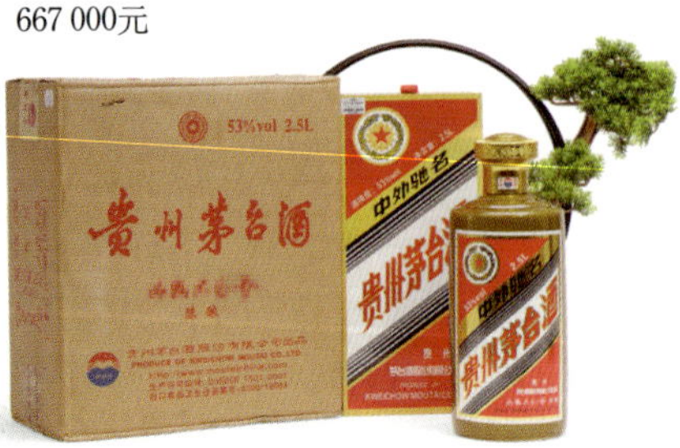

2014年产原箱贵州茅台酒

53%vol　12瓶，500mL/瓶(1箱×12瓶)
北京永乐　2023-07-02　Lot 5093
估价：无底价
成交价：36 800元

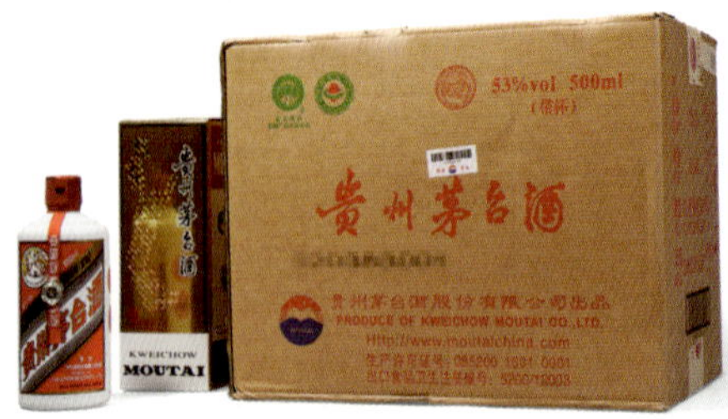

2015年产特殊陈酿贵州茅台酒

53%vol　2瓶，500mL/瓶
中贸圣佳　2023-07-01 Lot 6359
估价：无底价
成交价：48 300元

2014年产特殊原箱贵州茅台酒

53%vol　12瓶，500mL/瓶（2箱×6瓶）
中贸圣佳　2023-07-01 Lot 6368
估价：无底价
成交价：126 500元

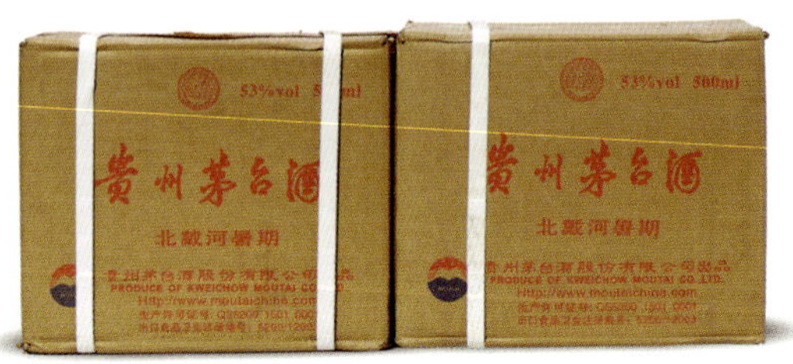

2015年产特殊陈酿原箱贵州茅台酒

53%vol　30瓶，500mL/瓶（5箱×6瓶）
中国嘉德　2023-11-29 Lot 3807
估价：300 000—700 000元
成交价：575 000元

2015年产特殊陈酿原箱贵州茅台酒

53%vol　4瓶，2500mL/瓶（2箱×2瓶）
中国嘉德　2023-11-29 Lot 3808
估价：200 000—400 000元
成交价：483 000元

2015年产贵州茅台酒

53%vol　6瓶，500mL/瓶
北京保利　2023-07-05　Lot 7065
估价：21 500—25 000元
成交价：24 725元

2015年产特殊陈酿原箱贵州茅台酒

53%vol　60瓶，500mL/瓶（10箱×6瓶）
中国嘉德　2023-06-11　Lot 3447
估价：600 000 —1 200 000元
成交价：2 702 500元

2015年产特殊陈酿原箱贵州茅台酒

53%vol　12瓶，500mL/瓶（2箱×6瓶）
中贸圣佳　2023-07-01　Lot 6360
估价：无底价
成交价：322 000元

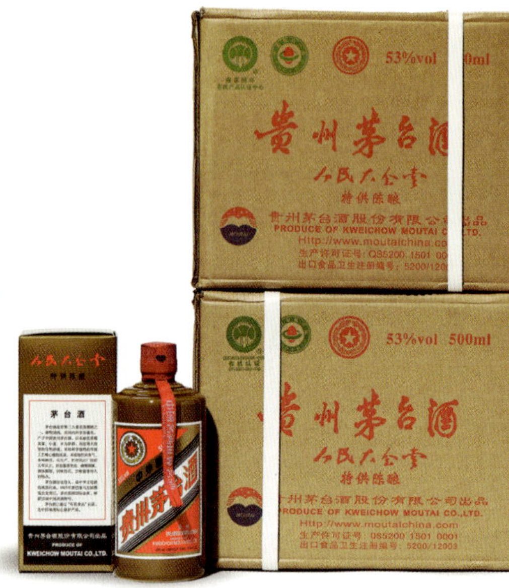

2016年产中国体育代表团庆功原箱贵州茅台酒

53%vol　6瓶，500mL/瓶
北京保利　2023-12-14　Lot 7025
估价：27 000 —34 000元
成交价：31 050元

2016年产丙申猴年原箱贵州茅台酒

53%vol　6瓶，500mL/瓶(1箱×6瓶)
北京保利　2023-07-05　Lot 7017
估价：35 000—39 000元
成交价：40 250元

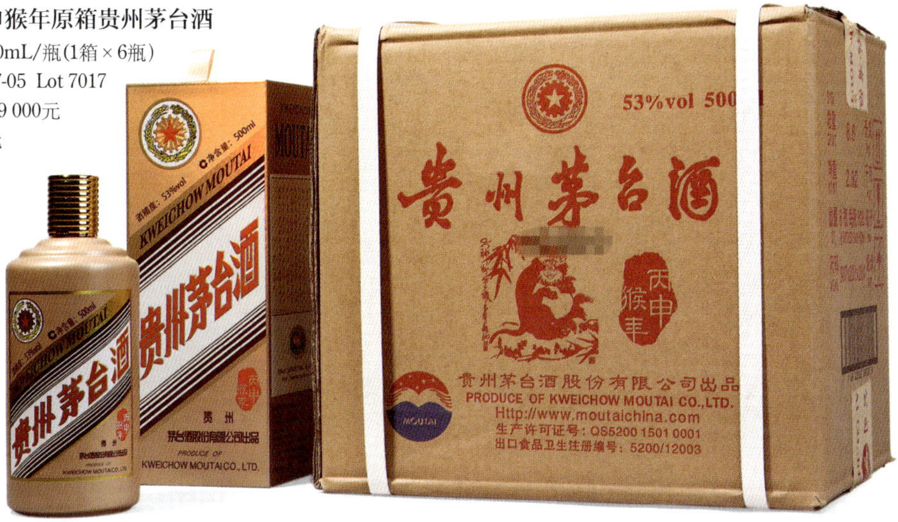

2016年产国酒之父原箱贵州茅台酒

53%vol　30瓶，500mL/瓶（5箱×6瓶）
中国嘉德　2023-11-29 Lot 3847
估价：10 000—20 000元
成交价：207 000元

2016年产黄瓷瓶原箱贵州茅台酒

53%vol　12瓶，500mL/瓶（1箱×6瓶）

中贸圣佳　2023-07-01 Lot 6369

估价：无底价

成交价：59 800元

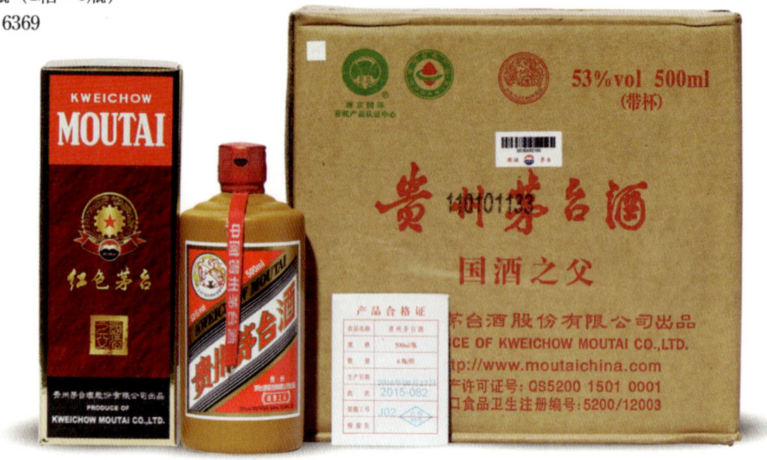

2016年产特殊陈酿原箱贵州茅台酒

53%vol　48瓶，500mL/瓶（8箱×6瓶）

中国嘉德　2023-11-29 Lot 3809

估价：400 000—1 000 000元

成交价：690 000元

2016年产贵州茅台酒

53%vol　6瓶，500mL/瓶

北京永乐 2023-07-02 Lot 5078

估价：无底价

成交价：23 000元

2017年产匠心原箱贵州茅台酒

53%vol 12瓶，500mL/瓶（2箱×6瓶）
中国嘉德 2023-06-11 Lot 3440
估价：50 000—100 000元
成交价：80 500元

2017年产贵州茅台酒

53%vol 2瓶，50mL/瓶
北京永乐 2023-07-02 Lot 5006
估价：无底价
成交价：1 150元

2017年产第七届酒博会纪念原箱贵州茅台酒

53%vol 60瓶，500mL/瓶（10箱×6瓶）
中国嘉德 2023-11-29 Lot 3858
估价：10 000—20 000元
成交价：287 500元

2017年产贵州茅台酒

53%vol　6瓶，500mL/瓶
北京永乐　2023-07-02　Lot 5079
估价：无底价
成交价：17 250元

2017年产匠心原箱贵州茅台酒

53%vol　36瓶，500mL/瓶（6箱×6瓶）
中国嘉德　2023-11-29 Lot 3820
估价：100 000—300 000元
成交价：253 000元

2017年产金字陈酿原箱贵州茅台酒

53%vol　30瓶，500mL/瓶（5箱×6瓶）
中国嘉德　2023-06-11　Lot 3449
估价：150 000—400 000元
成交价：368 000元

2017年产金字陈酿原箱贵州茅台酒

53%vol　30瓶，500mL/瓶（5箱×6瓶）

中国嘉德　2023-11-29 Lot 3810

估价：100 000 —300 000元

成交价：322 000元

2017年产茅台陈酿原箱贵州茅台酒

53%vol　36瓶，500mL/瓶（6箱×6瓶）

中国嘉德　2023-11-29 Lot 3814

估价：100 000 —300 000元

成交价：195 500元

2017年产马万祺先生专原箱用贵州茅台酒

53%vol　12瓶，500mL/瓶（1箱×12瓶）

中国嘉德　2023-11-29 Lot 3836

估价：60 000 —120 000元

成交价：109 250元

2017年产梅、兰、竹、菊贵州茅台酒

53%vol　4瓶，500mL/瓶
西泠拍卖　2023-12-23　Lot 3421
估价：28 000 —40 000元
成交价：32 200元

2017年产中国体育代表团庆功原箱贵州茅台酒

53%vol　6瓶，500mL/瓶(1箱×6瓶)
北京永乐　2023-07-02　Lot 5010
估价：无底价
成交价：32 200元

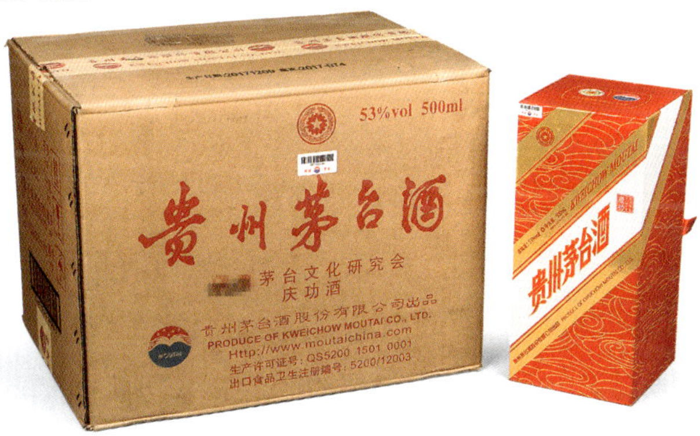

2017年产暑期原箱贵州茅台酒

53%vol　30瓶，500mL/瓶（5箱×6瓶）
中国嘉德　2023-06-11　Lot 3454
估价：80 000 —150 000元
成交价：230 000元

2018—2019年产走进六国原箱贵州茅台酒（智利、坦桑尼亚、米兰、俄罗斯、澳洲、非洲）

53%vol　36瓶，375mL/瓶（6箱×6瓶）

中国嘉德 2023-11-29 Lot 3861

估价：50 000—150 000元

成交价：109 250元

2018年产贵州茅台酒

53%vol　6瓶，500mL/瓶

北京保利 2023-07-05 Lot 7068

估价：21 000—23 000元

成交价：24 150元

2018年产贵州茅台酒

53%vol　6瓶，500mL/瓶
北京永乐 2023-07-02 Lot 5080
估价：无底价
成交价：21 850元

2018年产暑期原箱贵州茅台酒

53%vol　30瓶，500mL/瓶（5箱×6瓶）
中国嘉德 2023-06-11 Lot 3455
估价：80 000—150 000元
成交价：207 000元

2018年产纪念第八届中国（贵州）酒博会贵州茅台酒

53%vol　6瓶，500mL/瓶
北京保利 2023-12-14 Lot 7011
估价：22 600—28 000元
成交价：25 990元

2018年产暑期原箱贵州茅台酒

53%vol　30瓶，500mL/瓶（5箱×6瓶）
中国嘉德　2023-11-29 Lot 3825
估价：100 000—300 000元
成交价：184 000元

2018年产戊戌狗年原箱贵州茅台酒

53%vol　6瓶，500mL/瓶（1箱×6瓶）
北京保利　2023-07-05 Lot 7019
估价：31 000—33 600元
成交价：35 650元

2018年产走进澳洲原箱贵州茅台酒

53%vol　60瓶，375mL/瓶（10箱×6瓶）
中国嘉德　2023-11-29 Lot 3860
估价：10 000—20 000元
成交价：149 500元

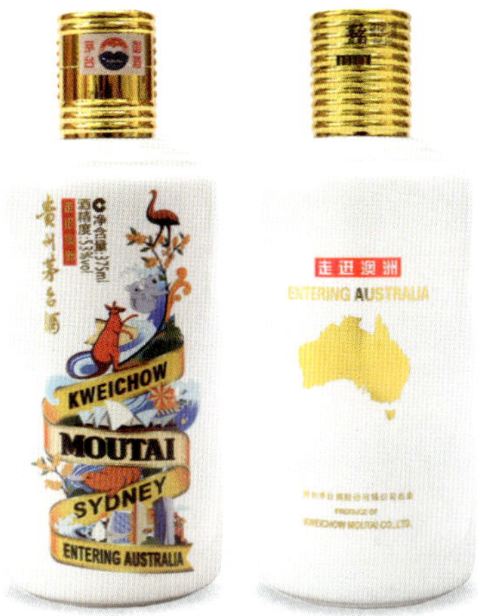

2018年产贵州茅台酒

53%vol　1瓶，200mL/瓶
北京永乐　2023-07-02　Lot 5005
估价：无底价
成交价：1 725元

2018年产走进非洲原箱贵州茅台酒

53%vol　60瓶，375mL/瓶（10箱×6瓶）
中国嘉德　2023-11-29 Lot 3859
估价：10 000—20 000元
成交价：172 500元

2018年产中国体育代表团庆功原箱贵州茅台酒

53%vol　6瓶，500mL/瓶(1箱×6瓶)
北京永乐　2023-07-02　Lot 5011
估价：无底价
成交价：32 200元

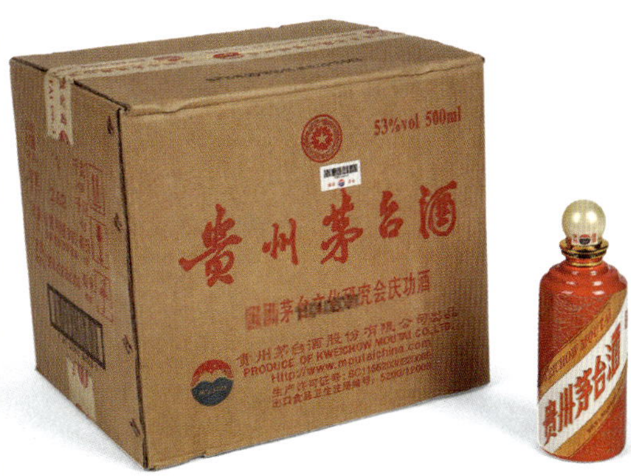

2019年产70周年大庆典原箱贵州茅台酒（50年）

53%vol　1瓶，700mL/瓶

中国嘉德　2023-11-29 Lot 3831

估价：100 000 —300 000元

成交价：115 000元

2019年产飞天牌走进系列原箱贵州茅台酒

53%vol　24瓶，500mL/瓶（4箱×6瓶）
中贸圣佳　2023-07-01 Lot 6394
估价：无底价
成交价：207 000元

2019年产贵州茅台酒

53%vol　1瓶，500mL/瓶；1瓶，375mL/瓶
北京保利　2023-07-05　Lot 7003
估价：6 600 —6 800元
成交价：7 590元

2019年产红茅原箱贵州茅台酒

53%vol　6瓶，500mL/瓶（1箱×6瓶）
北京永乐　2023-07-02　Lot 5021
估价：无底价
成交价：32 200元

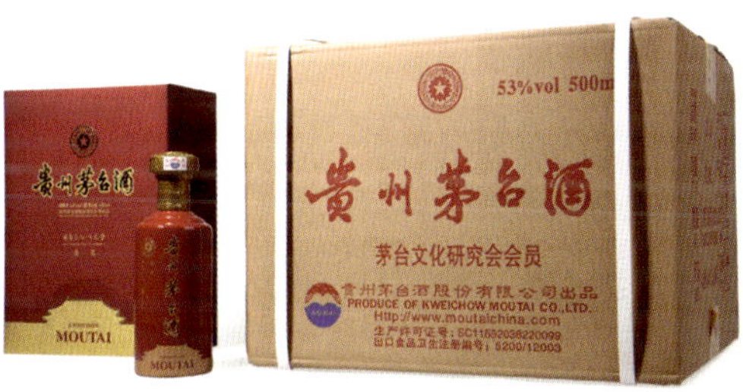

2019年产贵州茅台酒

53%vol　1瓶，375mL/瓶
北京永乐　2023-07-02　Lot 5004
估价：无底价
成交价：2 875元

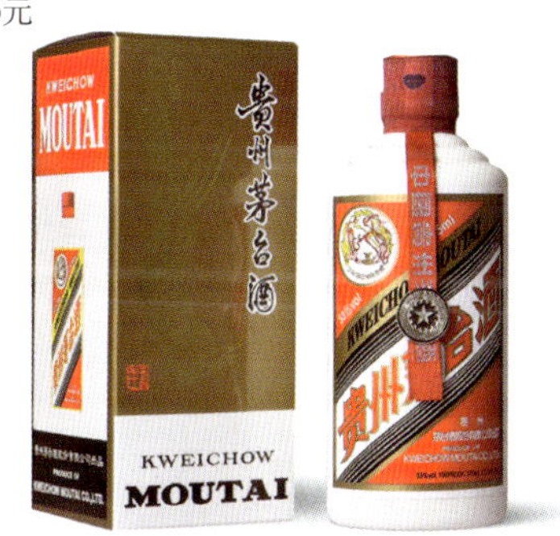

2019年产建国70周年纪念原箱贵州茅台酒

53%vol　4瓶，700mL/瓶（1箱×4瓶）
中国嘉德　2023-06-11　Lot 3462
估价：100 000 —300 000元
成交价：241 500元

2019年产金字陈酿原箱贵州茅台酒

53%vol　30瓶，500mL/瓶（5箱×6瓶）
中国嘉德　2023-06-11　Lot 3450
估价：150 000 —350 000元
成交价：402 500元

2019年产金字陈酿原箱贵州茅台酒

53%vol　60瓶，500mL/瓶（10箱×6瓶）
中国嘉德　2023-11-29 Lot 3811
估价：200 000 —500 000元
成交价：483 000元

陈
酿
陈
酿
中国名酒世界名酒
53%vol
PRODUCE OF
KWEICHOW MOUTAI CO.,LTD.

陈
酿
陈
酿

2019年产敬贺祖国70周年华诞贵州茅台酒（50年）

53%vol 1瓶，700mL/瓶
中贸圣佳 2023-07-01 Lot 6378
估价：无底价
成交价：149 500元

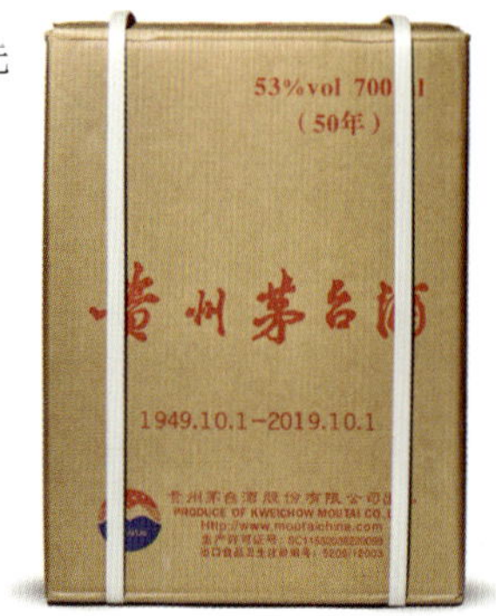

2019年产己亥猪年原箱贵州茅台酒

53%vol 6瓶，500mL/瓶（1箱×6瓶）
北京保利 2023-07-05 Lot 7020
估价：29 000—31 800元
成交价：33 350元

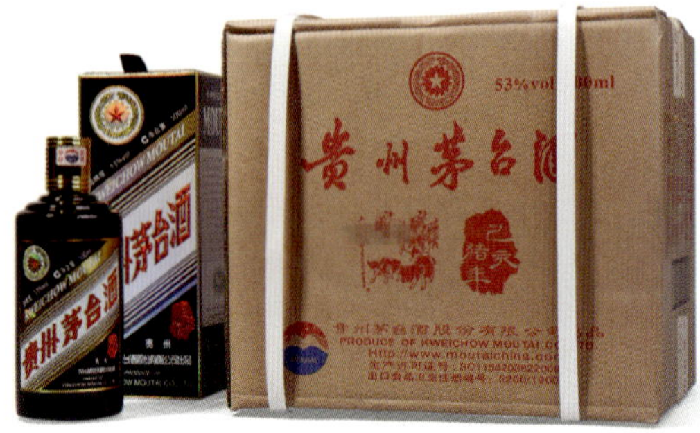

2019年产原箱贵州茅台酒

53%vol 12瓶，375mL/瓶(1箱×12瓶)
北京保利 2023-07-05 Lot 7008
估价：34 000—36 000元
成交价：39 100元

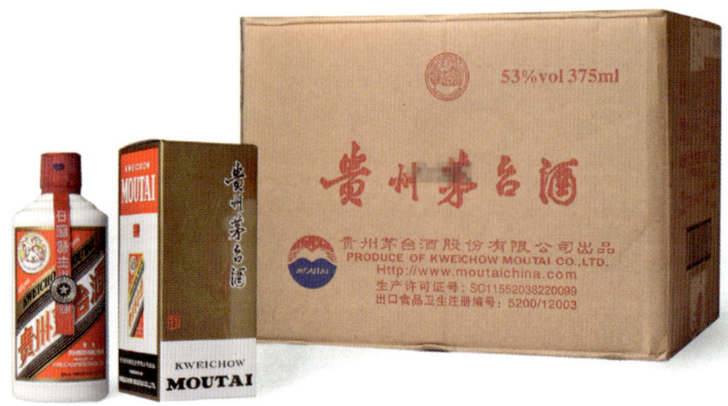

2019年产走进系列原箱贵州茅台酒

53%vol 6瓶，750mL/瓶
北京永乐 2023-07-02 Lot 5014
估价：无底价
成交价：195 500元

2020年产中国名山贵州茅台酒

53%vol　1瓶，15000mL/瓶

中国嘉德　2023-06-11　Lot 3468

估价：280 000 —400 000元

成交价：345 000元

2020年产贵州茅台酒

53%vol　6瓶，500mL/瓶
北京永乐 2023-07-02 Lot 5081
估价：无底价
成交价：17 250元

2020年产金字陈酿原箱贵州茅台酒

53%vol　60瓶，500mL/瓶（10箱×6瓶）
中国嘉德 2023-11-29 Lot 3812
估价：300 000—500 000元
成交价：460 000元

2020年产金字陈酿原箱贵州茅台酒

53%vol　300瓶，500mL/瓶（50箱×6瓶）
中国嘉德　2023-11-29 Lot 3813
估价：800 000 —2 000 000元
成交价：2 127 500元

2020年产金字陈酿原箱贵州茅台酒

53%vol　180瓶，500mL/瓶（30箱×6瓶）
中国嘉德　2023-06-11　Lot 3451
估价：1 000 000 —2 000 000元
成交价：2 875 000元

2020年产暑期原箱贵州茅台酒

53%vol　180瓶，500mL/瓶（30箱×6瓶）
中国嘉德　2023-06-11　Lot 3456
估价：500 000—1 000 000元
成交价：862 500元

2020年产暑期原箱贵州茅台酒

53%vol　150瓶，500mL/瓶（25箱×6瓶）
中国嘉德　2023-11-29 Lot 3826
估价：350 000—750 000元
成交价：747 500元

2020年产金字陈酿原箱贵州茅台酒

53%vol　12瓶，500mL/瓶（2箱×6瓶）
中贸圣佳　2023-07-01 Lot 6361
估价：无底价
成交价：126 500元

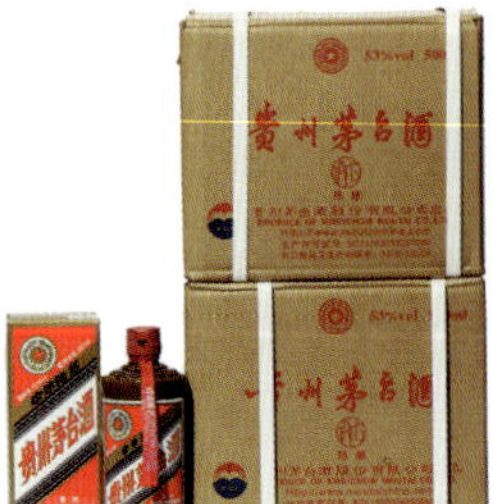

2020年产红茅原箱贵州茅台酒

53%vol　6瓶，500mL/瓶（1箱×6瓶）
北京永乐　2023-07-02　Lot 5022
估价：无底价
成交价：33 350元

2020年产原箱贵州茅台酒

53%vol　12瓶，500mL/瓶(2箱×6瓶)
北京永乐　2023-07-02　Lot 5094
估价：无底价
成交价：46 000元

2021年产飞天牌金色原箱贵州茅台酒

53%vol　30瓶，500mL/瓶（5箱×6瓶）

中贸圣佳 2023-07-01 Lot 6390

估价：无底价

成交价：149 500元

2021年产飞天牌蓝色原箱贵州茅台酒

53%vol　30瓶，500mL/瓶（5箱×6瓶）

中贸圣佳 2023-07-01 Lot 6392

估价：无底价

成交价：161 000元

2021年产贵州茅台酒

53%vol　1瓶，500mL/瓶；1瓶，200mL/瓶

北京保利 2023-07-05 Lot 7002

估价：4 600—5 000元

成交价：5 290元

2021年产飞天牌玫瑰金色原箱贵州茅台酒

53%vol　30瓶，500mL/瓶（5箱×6瓶）

中贸圣佳 2023-07-01 Lot 6391

估价：无底价

成交价：138 000元

2021年产陈酿原箱贵州茅台酒

53%vol　30瓶，500mL/瓶（5箱×6瓶）

中贸圣佳 2023-07-01 Lot 6367

估价：无底价

成交价：253 000元

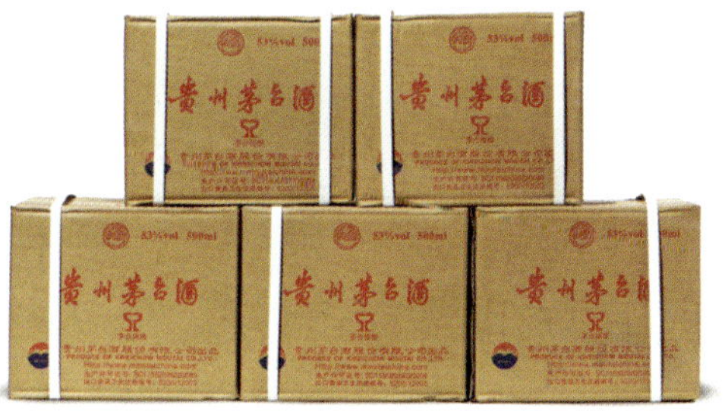

2021年产飞天牌四色梅瓶原箱贵州茅台酒

53%vol　24瓶，500mL/瓶（4箱×6瓶）

中贸圣佳 2023-07-01 Lot 6393

估价：无底价

成交价：126 500元

2021年产炫彩中国原箱贵州茅台酒

53%vol　6瓶，500mL/瓶
北京永乐　2023-07-02　Lot 5015
估价：无底价
成交价：126 500元

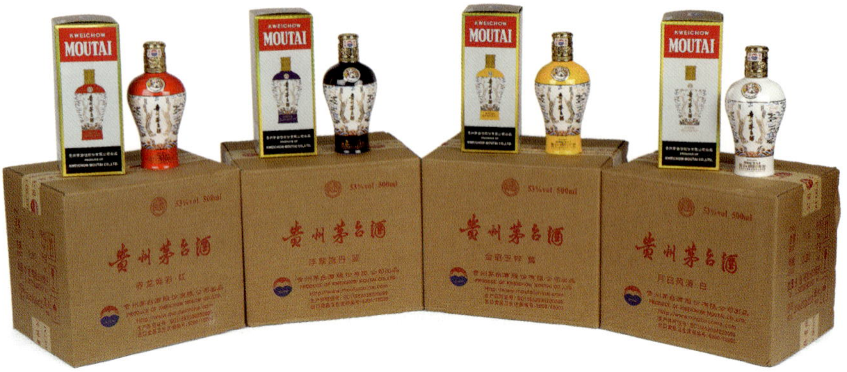

2021年产贵州茅台酒

53%vol　6瓶，500mL/瓶
北京永乐　2023-07-02　Lot 5082
估价：无底价
成交价：17 250元

2021年产赤龙焕彩（红）、金昭玉粹（黄）、月白风清（白）、浮翠流丹（蓝）炫彩中国贵州茅台酒

53%vol　4瓶，500mL/瓶
北京保利　2023-12-14　Lot 7014
估价：18 000—20 000元
成交价：20 700元

2021年产贵州茅台酒

53%vol　1瓶，1500mL/瓶

北京保利　2023-07-05　Lot 7005

估价：15 000—16 000元

成交价：17 250元

2021年产红茅原箱贵州茅台酒

53%vol　6瓶，500mL/瓶（1箱×6瓶）

北京永乐　2023-07-02　Lot 5023

估价：无底价

成交价：28 750元

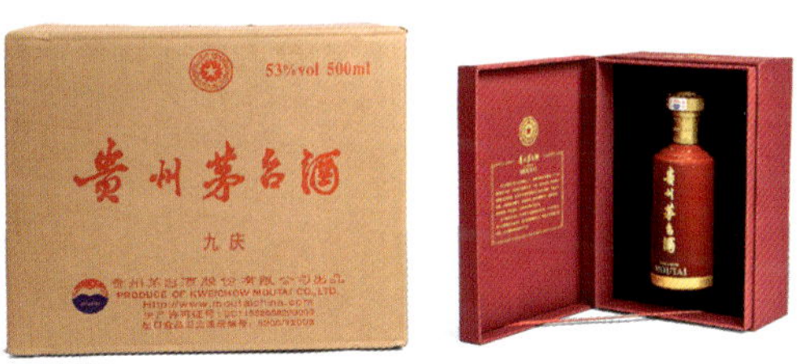

2021年产原箱贵州茅台酒

53%vol　12瓶，500mL/瓶（2箱×6瓶）

北京永乐　2023-07-02　Lot 5095

估价：无底价

成交价：34 500元

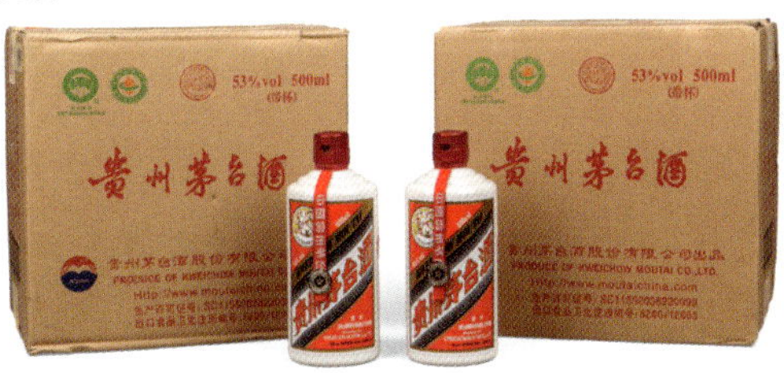

2021年产贵州茅台酒

53%vol　1瓶，1000mL/瓶

北京永乐　2023-07-02　Lot 5003

估价：无底价

成交价：8 050元

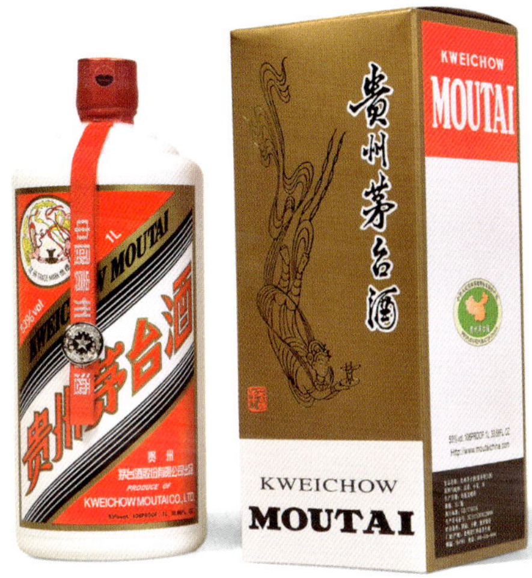

2021年产金桂叶原箱贵州茅台酒

53%vol　2瓶，2500mL/瓶（1箱×2瓶）

中贸圣佳　2023-07-01 Lot 6370

估价：无底价

成交价：57 500元

2022年产贵州茅台酒

53%vol　5瓶，50mL/瓶

北京永乐　2023-07-02　Lot 5001

估价：无底价

成交价：1 380元

2022年产壬寅虎年原箱贵州茅台酒

53%vol　6瓶，500mL/瓶（1箱×6瓶）

北京保利　2023-12-14　Lot 7022

估价：22 800 —30 000元

成交价：28 750元

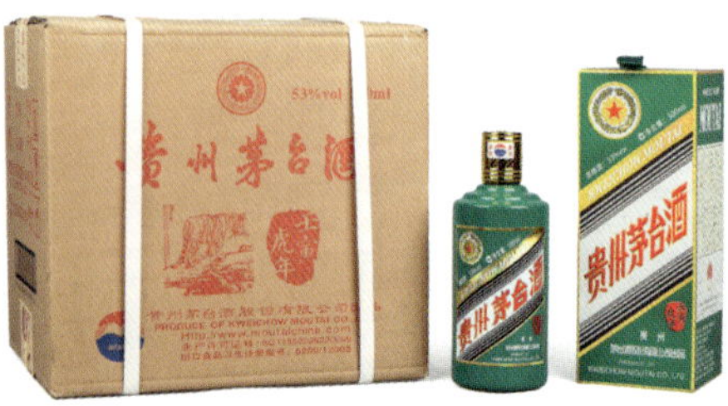

2022年产红茅原箱贵州茅台酒

53%vol　6瓶，500mL/瓶（1箱×6瓶）

北京永乐　2023-07-02　Lot 5024

估价：无底价

成交价：27 600元

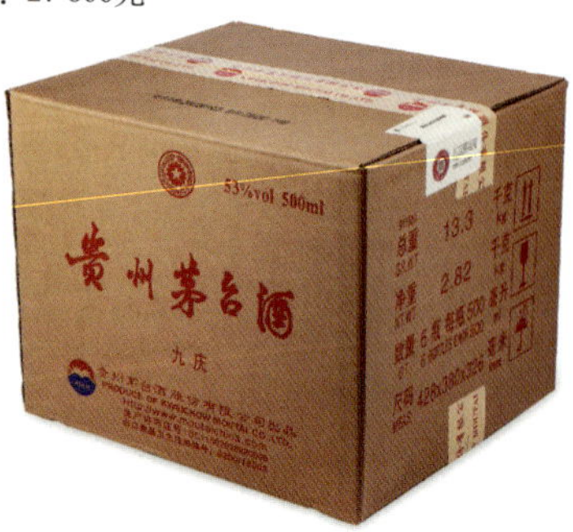

2022年产贵州茅台酒

53%vol　5瓶，50mL/瓶

北京永乐　2023-07-02　Lot 5002

估价：无底价

成交价：1 150元

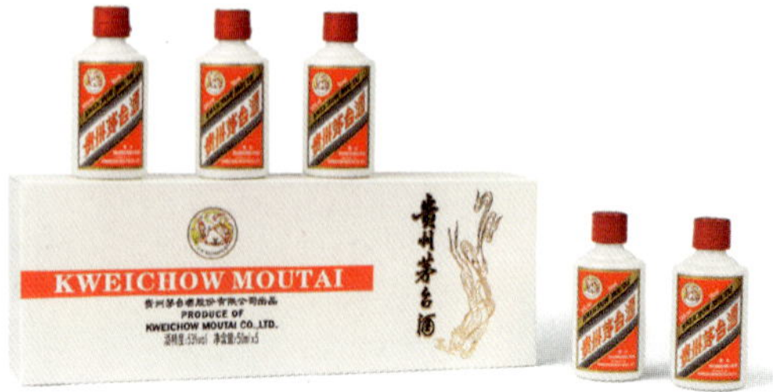

2022年产原箱贵州茅台酒

53%vol　12瓶，500mL/瓶（2箱×6瓶）

北京永乐　2023-07-02　Lot 5096

估价：无底价

成交价：34 500元

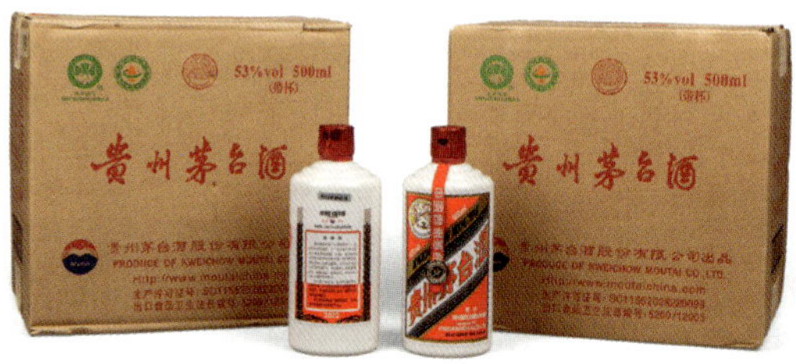

2022年产红茅原箱贵州茅台酒

53%vol　6瓶，500mL/瓶（50箱×6瓶）

北京永乐　2023-07-02　Lot 5026

估价：无底价

成交价：1 437 500元

2022年产贵州茅台酒

53%vol　6瓶，500mL/瓶
北京永乐　2023-07-02　Lot 5083
估价：无底价
成交价：23 000元

2022年产金陵贵州茅台酒（四色礼盒套装）

53%vol　200瓶，500mL/瓶（4瓶×50盒）
中国嘉德　2023-06-11　Lot 3471
估价：800 000—1 500 000元
成交价：920 000元

2022年产燕京八景原箱贵州茅台酒

53%vol　8瓶，500mL/瓶（1箱×8瓶）
北京永乐　2023-07-02　Lot 5012
估价：无底价
成交价：73 600元

2022年产燕京八景原箱贵州茅台酒

53%vol　8瓶，500mL/瓶（1箱×8瓶）
北京保利 2023-07-05 Lot 7011
估价：65 000—67 000元
成交价：74 750元

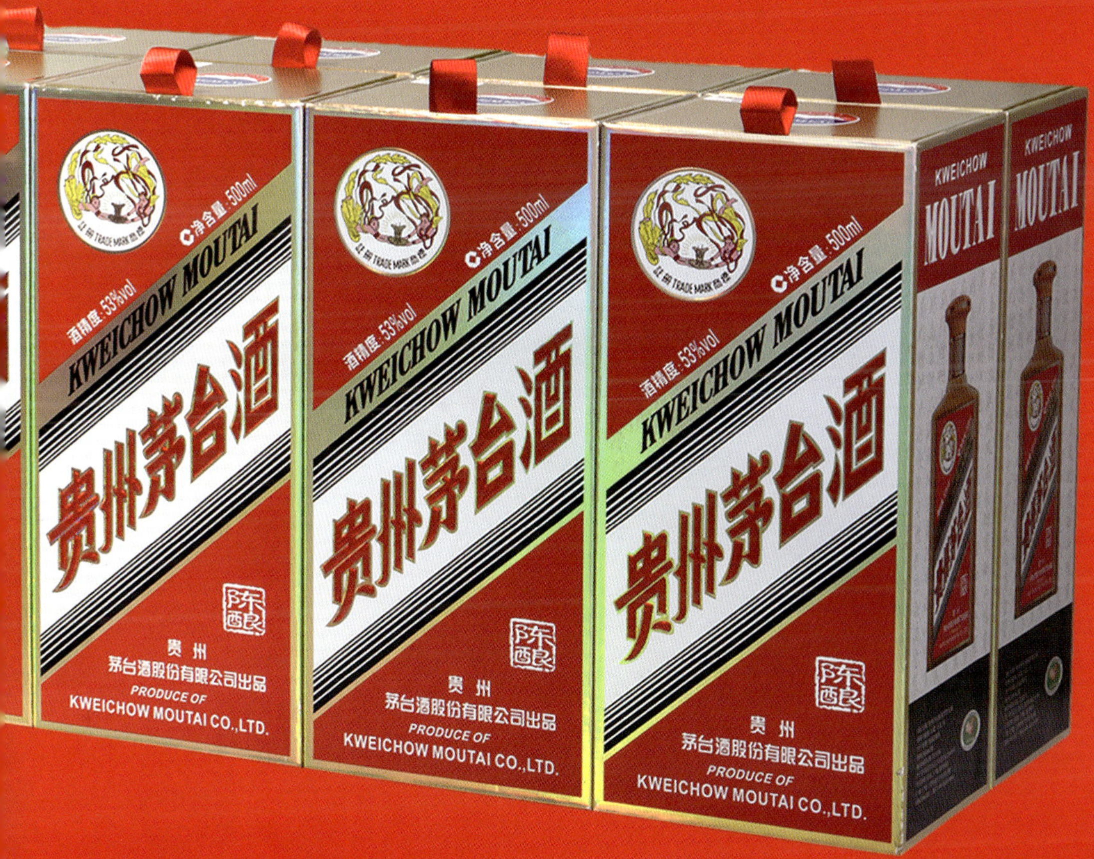
酒精度:53%vol
净含量:500ml
KWEICHOW MOUTAI
贵州茅台酒
陈酿
贵州
茅台酒股份有限公司出品
PRODUCE OF
KWEICHOW MOUTAI CO.,LTD.
KWEICHOW
MOUTAI

2022年产壬寅虎年原箱贵州茅台酒

53%vol　6瓶，500mL/瓶（1箱×6瓶）
北京保利　2023-07-05　Lot 7023
估价：25 000—30 000元
成交价：28 750元

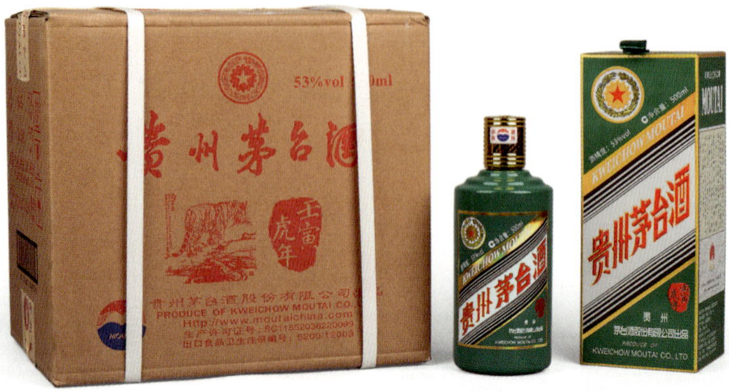

2023年产癸卯兔年原箱贵州茅台酒

53%vol　6瓶，500mL/瓶（1箱×6瓶）
北京保利　2023-07-05　Lot 7024
估价：16 200—18 000元
成交价：20 700元

2023年产癸卯兔年原箱贵州茅台酒

53%vol　6瓶，500mL/瓶（1箱×6瓶）
北京保利　2023-12-14　Lot 7023
估价：16 500—18 000元
成交价：19 550元

道光廿五（收藏号：NO. A0103）

53%vol　1瓶，500mL/瓶

中国嘉德　2023-11-29 Lot 3875

估价：38 000 —88 000元

成交价：184 000元

MONOPOLE
2014
LA TÂCHE
APPELLATION LA TÂCHE CONTROLÉE
ANNÉE 2014
ANNÉE 2014
SOCIÉTÉ CIVILE DU DOMAINE DE LA ROMANÉE-CONTI
PROPRIÉTAIRE A VOSNE-ROMANÉE (CÔTE-D'OR) FRANCE
ROMANÉE-ST-VIVANT
MAREY-MONGE
APPELLATION ROMANÉE-ST-VIVANT CONTROLÉE
ANNÉE 2014
Mise en bouteille au domaine
SOCIÉTÉ CIVILE

葡萄酒

HEBOURG
MONOPOLE
2014
ROMANÉE-CONTI
APPELLATION ROMANÉE-CONTI CONTROLEE
ANNÉE 2014
GRANDS ÉCHÉZEAUX
APPELLATION GRANDS ECHEZEAUX CONTROLEE
ANNÉE 2014

罗曼尼·康帝酒庄（Domaine de la Romanee-Conti）
红葡萄酒2018年份珍藏套装

6支，750mL/支
法国勃艮第法定产区
1. 罗曼尼·康帝酒庄蒙哈榭特级园1支
2. 罗曼尼·康帝酒庄踏雪特级园1支
3. 罗曼尼·康帝酒庄李奇堡特级园1支
4. 罗曼尼·康帝酒庄罗曼尼圣维旺特级园1支
5. 罗曼尼·康帝酒庄大依瑟索特级园1支
6. 罗曼尼·康帝酒庄依瑟索特级园1支
中国嘉德 2023-06-11 Lot 3878
估价：380 000—420 000元
成交价：460 000元

罗曼尼·康帝酒庄大依瑟索（Grands Echezeaux）特级园红葡萄酒1989年份

1支，750mL/支

（罗伯特·帕克评分：86分）

法国勃艮第夜丘法定产区

适饮期：已适宜饮用

中国嘉德 2023-06-11 Lot 3869

估价：28 000 —38 000元

成交价：32 200元

罗曼尼·康帝酒庄大依瑟索特级园红葡萄酒2004年份

法国勃艮第夜丘法定产区
1支，750mL/支
中国嘉德 2023-06-11 Lot 3868
估价：28 000—38 000元
成交价：43 700元

罗曼尼·康帝酒庄大依瑟索特级园红葡萄酒2011年份

6支，750mL/支
（罗伯特·帕克团队评分：93分）
法国勃艮第夜丘法定产区
适饮期：已适宜饮用，也可继续窖藏陈年至2030年
中国嘉德 2023-06-11 Lot 3867
估价：270 000—280 000元
成交价：310 500元

罗曼尼·康帝酒庄李奇堡（Richebourg）特级园红葡萄酒2006年份

1支，750mL/支
（罗伯特·帕克评分：93分）
法国勃艮第夜丘法定产区
适饮期：已适宜饮用，可继续窖藏陈年至2024年
中国嘉德 2023-06-11 Lot 3873
估价：30 000—40 000元
成交价：48 300元

罗曼尼·康帝酒庄李奇堡特级园红葡萄酒2016年份

1支，750mL/支
（罗伯特·帕克评分：97分）
法国勃艮第夜丘法定产区
适饮期：已适宜饮用，或可继续陈年至2060年
中国嘉德 2023-11-29 Lot 3508
估价：50 000—55 000元
成交价：57 500元

罗曼尼·康帝酒庄李奇堡特级园红葡萄酒2017年份

2支，750mL/支

（罗伯特·帕克评分：95分）

法国勃艮第夜丘法定产区

适饮期：2027—2060年

中国嘉德 2023-06-11 Lot 3872

估价：60 000—78 000元

成交价：103 500元

罗曼尼·康帝酒庄罗曼尼·康帝特级园红葡萄酒2004年份

1支，750mL/支

法国勃艮第法定产区

中国嘉德 2023-06-11 Lot 3877

估价：230 000—270 000元

成交价：264 500元

罗曼尼·康帝酒庄罗曼尼·康帝特级园红葡萄酒2014年份

3支，750mL/支

（艾伦·米多斯评分：97分；罗伯特·帕克团队评分：97分）

法国勃艮第法定产区

适饮期：由2034年进入最佳适饮期

中国嘉德 2023-06-11 Lot 3876

估价：850 000—870 000元

成交价：977 500元

罗曼尼·康帝酒庄罗曼尼圣维旺（Saint Vivant）特级园红葡萄酒2004年份

1支，750mL/支

法国勃艮第夜丘法定产区

适饮期：已适宜饮用，可继续窖藏陈年至2029年

中国嘉德 2023-06-11 Lot 3871

估价：45 000—46 000元

成交价：55 200元

罗曼尼·康帝酒庄罗曼尼圣维旺特级园红葡萄酒2017年份

1支，750mL/支
（罗伯特·帕克评分：95分）
法国勃艮第夜丘法定产区
适饮期：已适宜饮用，可继续窖藏陈年至2055年
中国嘉德 2023-06-11 Lot 3870
估价：28 000—38 000元
成交价：40 250元

罗曼尼·康帝酒庄踏雪特级园红葡萄酒1993年份

2支，750mL/支
（罗伯特·帕克评分：90分）
法国勃艮第夜丘法定产区
适饮期：已适宜饮用
中国嘉德 2023-06-11 Lot 3875
估价：130 000—140 000元
成交价：184 000元

罗曼尼·康帝酒庄踏雪特级园红葡萄酒2014年份

2支，750mL/支
（罗伯特·帕克团队评分：96分）
法国勃艮第夜丘法定产区
适饮期：已适宜饮用，或可继续陈年至2050年
中国嘉德 2023-11-29 Lot 3510
估价：120 000—130 000元
成交价：138 000元

罗曼尼·康帝酒庄踏雪特级园红葡萄酒2017年份

1支，750mL/支
（罗伯特·帕克评分：96分）
法国勃艮第夜丘法定产区
适饮期：2025—2070年
中国嘉德 2023-06-11 Lot 3874
估价：55 000—58 000元
成交价：126 500元

罗曼尼·康帝酒庄踏雪特级园红葡萄酒2017年份
2支，750mL/支
（罗伯特·帕克团队评分：98分）
法国勃艮第夜丘法定产区
适饮期：已适宜饮用，或可继续陈年至2065年
中国嘉德 2023-11-29 Lot 3509
估价：120 000—130 000元
成交价：172 500元

罗曼尼·康帝酒庄依瑟索特级园红葡萄酒2008年份
1支，750mL/支
（罗伯特·帕克评分：94分）
法国勃艮第夜丘法定产区
适饮期：已适宜饮用，也可继续窖藏陈年至2038年
中国嘉德 2023-06-11 Lot 3866
估价：28 000—35 000元
成交价：40 250元

罗曼尼·康帝酒庄依瑟索特级园红葡萄酒2013年份
3支，750mL/支
（罗伯特·帕克评分：91—93分）
法国勃艮第夜丘法定产区
适饮期：已适宜饮用，也可继续窖藏陈年至2032年
中国嘉德 2023-06-11 Lot 3864
估价：84 000—100 000元
成交价：97 750元

罗曼尼·康帝酒庄依瑟索特级园红葡萄酒2017年份
3支，750mL/支
（罗伯特·帕克团队评分：94分）
法国勃艮第夜丘法定产区
适饮期：已适宜饮用，或可继续陈年至2045年
中国嘉德 2023-11-29 Lot 3503
估价：90 000—110 000元
成交价：103 500元

罗曼尼·康帝酒庄特级园红葡萄酒2014年份套装

6支，750mL/支

法国勃艮第夜丘法定产区

1. 罗曼尼·康帝酒庄罗曼尼·康帝特级园（Romanée Conti）2014年份 1支（罗伯特·帕克团队评分：91分）

适饮期：已适宜饮用，或可继续窖藏陈年至2032年

2. 罗曼尼·康帝酒庄踏雪特级园（La Tâche）2014年份 1支（罗伯特·帕克团队评分：96分）

适饮期：已适宜饮用，或可继续窖藏陈年至2050年

3. 罗曼尼·康帝酒庄李奇堡特级园（Richebourg）2014年份 1支（罗伯特·帕克团队评分：96分）

适饮期：已适宜饮用，或可继续窖藏陈年至2050年

4. 罗曼尼·康帝酒庄圣维旺特级园（Romanée Saint Vivant）2014年份 1支（罗伯特·帕克团队评分：95分）

适饮期：已适宜饮用，或可继续窖藏陈年至2035年

5. 罗曼尼·康帝酒庄大伊瑟索特级园（Grands Echezeau）2014年份1支（罗伯特·帕克团队评分：93—95分）

适饮期：已适宜饮用，或可继续窖藏陈年至2040年

6. 罗曼尼·康帝酒庄伊瑟索特级园（Echezeaux）2014年份 1支（罗伯特·帕克团队评分：92分）

适饮期：已适宜饮用，或可继续窖藏陈年至2035年

中国嘉德 2023-11-29 Lot 3513

估价：560 000—750 000元

成交价：644 000元

勒桦酒庄科通雷娜德特级园干红葡萄酒2005年份

1支，750mL/支

（罗伯特·帕克团队评分：95分）

法国勃艮第夜丘法定产区

适饮期：已适宜饮用

中国嘉德 2023-11-29 Lot 3520

估价：66 000 —75 000元

成交价：75 900元

勒桦酒庄（Leroy）科登查理曼特级园干白葡萄酒2004年份

1支，750mL/支

法国勃艮第伯恩丘法定产区

适饮期：已适宜饮用，或可继续陈年至2050年

中国嘉德 2023-11-29 Lot 3519

估价：100 000 —120 000元

成交价：115 000元

勒桦酒庄李奇堡特级园干红葡萄酒2006年

2支，750mL/支

（罗伯特·帕克团队评分：93分以上）

法国勃艮第夜丘法定产区

中国嘉德 2023-11-29 Lot 3523

估价：200 000 —220 000元

成交价：230 000元

勒桦酒庄热夫雷香贝丹园干红葡萄酒1983年份

6支，750mL/支

法国勃艮第夜丘法定产区

适饮期：已适宜饮用

中国嘉德 2023-11-29 Lot 3528

估价：95 000 —100 000元

成交价：109 250元

勒桦酒庄石头特级园干红葡萄酒1995年份

1支，750mL/支
（罗伯特·帕克团队评分：94分）
法国勃艮第夜丘法定产区
适饮期：已适宜饮用
中国嘉德 2023-11-29 Lot 3522
估价：60 000—65 000元
成交价：69 000元

勒桦酒庄香波慕西尼芙蕾米园干红葡萄酒1996年份

3支，750mL/支
（罗伯特·帕克团队评分：92分）
法国勃艮第夜丘法定产区
适饮期：已适宜饮用
中国嘉德 2023-11-29 Lot 3524
估价：130 000—140 000元
成交价：149 500元

勒桦酒庄夜圣乔治园一级园干红葡萄酒2011年份

3支，750mL/支
（罗伯特·帕克团队评分：92分）
法国勃艮第夜丘法定产区
适饮期：已适宜饮用，或可继续陈年至2030年
中国嘉德 2023-11-29 Lot 3525
估价：180 000—190 000元
成交价：207 000元

阿曼·卢梭酒庄热夫雷香贝丹圣雅克一级园干红葡萄酒1985年份

1支，750mL/支
法国勃艮第夜丘法定产区
中国嘉德 2023-11-29 Lot 3539
估价：26 000—30 000元
成交价：29 900元

阿曼·卢梭酒庄石头特级园红葡萄酒2016年份

6支，750mL/支
（罗伯特·帕克团队评分：93分）
法国勃艮第夜丘法定产区
适饮期：2026—2045年
中国嘉德 2023-06-11 Lot 3905
估价：54 000 —56 000元
成交价：62 100元

阿曼·卢梭酒庄香贝丹特级园干红葡萄酒2006年份

1支，750mL/支
法国勃艮第夜丘法定产区
中国嘉德 2023-11-29 Lot 3542
估价：33 000 —38 000元
成交价：37 950元

阿曼·卢梭酒庄香贝丹特级园干红葡萄酒2016—2018年份垂直套装

3支，750mL/支
法国勃艮第夜丘法定产区
1. 阿曼·卢梭酒庄香贝丹特级园干红2016年份 1支（罗伯特·帕克评分：98分）
适饮期：2028—2048年
2. 阿曼·卢梭酒庄香贝丹特级园干红2017年份 1支
适饮期：2027—2045年
3. 阿曼·卢梭酒庄香贝丹特级园干红2018年份 1支（罗伯特·帕克评分：97分）
适饮期：2028—2060年
中国嘉德 2023-06-11 Lot 3907
估价：130 000 —140 000元
成交价：149 500元

阿曼·卢梭酒庄香贝丹特级园干红葡萄酒2017年份

2支，750mL/支

（罗伯特·帕克团队评分：96分）

法国勃艮第夜丘法定产区

适饮期：2025—2060年

中国嘉德 2023-11-29 Lot 3541

估价：75 000 —78 000元

成交价：86 250元

阿曼·卢梭酒庄香贝丹特级园干红葡萄酒2018年份

2支，750mL/支

（罗伯特·帕克评分：97分）

法国勃艮第夜丘法定产区

适饮期：2028—2060年

中国嘉德 2023-11-29 Lot 3540

估价：75 000 —78 000元

成交价：86 250元

阿曼·卢梭酒庄香慕-香贝丹特级园干红葡萄酒2016年份

6支，750mL/支

（艾伦·米多斯评分：91—93分；罗伯特·帕克团队评分：93—95分）

法国勃艮第夜丘法定产区

适饮期：已适宜饮用，也可继续窖藏陈年至2045年

中国嘉德 2023-06-11 Lot 3906

估价：48 000 —50 000元

成交价：55 200元

安娜·芳华葛鲁酒庄李奇堡园干红葡萄酒2021年份

6支，750mL/支

法国勃艮第夜丘法定产区

中国嘉德 2023-11-29 Lot 3557

估价：64 000 —72 000元

成交价：73 600元

安娜芳华葛鲁酒庄李奇堡园干红葡萄酒2020年份

12支，750mL/支

法国勃艮第夜丘法定产区

中国嘉德 2023-06-11 Lot 3926

估价：78 000 —90 000元

成交价：89 700元

奥维那酒庄（后花园）默尔索–纳瓦园干白葡萄酒2007年份

1支，750mL/支

法国勃艮第伯恩丘法定产区

适饮期：已适宜饮用

中国嘉德 2023-11-29 Lot 3529

估价：78 000 —82 000元

成交价：94 300元

奥维那酒庄普里尼蒙哈榭理查德园干白葡萄酒2009年份

1支，750mL/支

法国勃艮第伯恩丘法定产区

适饮期：已适宜饮用，也可继续窖藏陈年至2050年

中国嘉德 2023-06-11 Lot 3892

估价：150 000 —160 000元

成交价：172 500元

巴赫酒庄玻玛爱贝诺一级园红葡萄酒2016年份

12支，750mL/支

法国勃艮第伯恩丘法定产区

中国嘉德 2023-11-29 Lot 3587

估价：12 000 —15 000元

成交价：13 800元

奥维那酒庄（后花园）干白葡萄酒套装

12支，750mL/支

法国勃艮第伯恩丘法定产区

1. 奥维那酒庄阿里高特苏斯小城堡干白（Aligote Sous Chatelet）2013年份 3支
2. 奥维那酒庄克鲁园欧克塞-迪雷斯干白（Duresses Les Clous）2007年份 3支（罗伯特·帕克团队评分：98分）

适饮期：已适宜饮用，或可继续陈年至2050年

3. 奥维那酒庄默尔索村娜荷梧园干白（Meursault Les Narvaux）2007年份 3支（罗伯特·帕克团队评分：97—99分）

适饮期：已适宜饮用，或可继续陈年至2045年

4. 奥维那酒庄普里尼-蒙哈榭村富乐迪雷园干白（Puligny-Montrachet 1er Cru Les Folatieres）2011年份 3支（罗伯特·帕克团队评分：92分）

适饮期：已适宜饮用

中国嘉德 2023-11-29 Lot 3531

估价：800 000—820 000元

成交价：920 000元

柏诺玛爵酒庄高登查理曼干白葡萄酒1994年份

6支，750mL/支
（罗伯特·帕克团队评分：91分）
法国勃艮第伯恩丘法定产区
适饮期：已适宜饮用，或可继续窖藏陈年至2025年
中国嘉德 2023-11-29 Lot 3569
估价：32 000—35 000元
成交价：48 300元

大德园独占特级园干红葡萄酒2018年份

6支，750mL/支
法国勃艮第夜丘法定产区
中国嘉德 2023-11-29 Lot 3563
估价：40 000—43 000元
成交价：46 000元

大金杯酒庄伏旧特级园干红葡萄酒1978年、2016年、2018年份、伏旧迷思妮特级园干红2014年、2015年份

6支，750mL/支
法国勃艮第夜丘法定产区
1. 葛鲁庄园伏旧园1978年份 1支（罗伯特·帕克评分：96分）
2. 葛鲁庄园伏旧迷思妮特级园2014年份 1支 适饮期：已适宜饮用，也可继续窖藏陈年至2025年
3. 葛鲁庄园伏旧迷思妮特级园2015年份 1支 适饮期：已适宜饮用，也可继续窖藏陈年至2030年
4. 葛鲁庄园伏旧园2016年份 1支
5. 葛鲁庄园伏旧园2017年份 1支
6. 葛鲁庄园伏旧园2018年份 1支

中国嘉德 2023-06-11 Lot 3924
估价：38 000—40 000元
成交价：43 700元

大金杯酒庄李奇堡特级园干红葡萄酒2016—2018年份

3支，750mL/支
法国勃艮第夜丘法定产区
适饮期：已适宜饮用
中国嘉德 2023-06-11 Lot 3925
估价：28 000 —30 000元
成交价：32 200元

大金杯酒庄李奇堡特级园干红葡萄酒2019年份

6支，750mL/支
法国勃艮第夜丘法定产区
适饮期：已适宜饮用，或可继续窖藏陈年至2034年
中国嘉德 2023-11-29 Lot 3559
估价：35 000 —38 000元
成交价：40 250元

大金杯酒庄依瑟索特级园干红葡萄酒2016年份

12支，750mL/支
法国勃艮第夜丘法定产区
中国嘉德 2023-06-11 Lot 3920
估价：35 000 —38 000元
成交价：43 700元

大金杯酒庄依瑟索特级园干红葡萄酒2018年份

12支，750mL/支
法国勃艮第夜丘法定产区
中国嘉德 2023-06-11 Lot 3921
估价：28 000 —30 000元
成交价：40 250元

乐桦酒庄科通-雷娜德特级园红葡萄酒2014年份
1支，750mL/支
（罗伯特·帕克团队评分：96—98分）
法国勃艮第伯恩丘法定产区
中国嘉德 2023-06-11 Lot 3889
估价：45 000—70 000元
成交价：103 500元

乐桦酒庄拉奇希尔-香贝丹特级园2014年份
1支，750mL/支
（艾伦·米多斯评分：96分；
罗伯特·帕克团队评分：91—93分）
法国勃艮第夜丘法定产区
适饮期：已适宜饮用，也可继续窖藏陈年至2035年
中国嘉德 2023-06-11 Lot 3891
估价：84 000—90 000元
成交价：96 600元

枯荣庄园默尔索干白葡萄酒2016—2018年份
3支，750mL/支
法国勃艮第伯恩丘法定产区
1. 枯荣庄园默尔索干白2016年份 1支
适饮期：已适宜饮用，也可继续窖藏陈年至2040年
2. 枯荣庄园默尔索干白2017年份 1支
适饮期：已适宜饮用，也可继续窖藏陈年至2050年
3. 枯荣庄园默尔索干白2018年份 1支
适饮期：已适宜饮用，也可继续窖藏陈年至2050年
中国嘉德 2023-06-11 Lot 3938
估价：28 000—30 000元
成交价：32 200元

乐桦酒庄李奇堡特级园红葡萄酒2014年份

1支，750mL/支
（艾伦·米多斯评分：96分；
罗伯特·帕克团队评分：96—98分）
法国勃艮第夜丘法定产区
适饮期：自2034年进入最佳适饮期
中国嘉德 2023-06-11 Lot 3888
估价：45 000 —70 000元
成交价：115 000元

乐桦酒庄罗曼尼-圣-维旺特级园红葡萄酒2014年份

1支，750mL/支
（艾伦·米多斯评分：96分
罗伯特·帕克团队评分：95—97分）
法国勃艮第夜丘法定产区
适饮期：已适宜饮用，也可继续窖藏陈年至2035年
中国嘉德 2023-06-11 Lot 3884
估价：45 000 —100 000元
成交价：138 000元

乐桦酒庄沃恩-罗曼尼布鲁雷一级园干红葡萄酒2015年份

3支，750mL/支
（罗伯特·帕克团队评分：97分）
法国勃艮第夜丘法定产区
中国嘉德 2023-06-11 Lot 3883
估价：120 000 —150 000元
成交价：161 000元

乐桦酒庄沃恩罗曼尼杰奈里尔干红葡萄酒2007年份

3支，750mL/支
法国勃艮第夜丘法定产区
适饮期：已适宜饮用，也可继续窖藏陈年至2028年
中国嘉德 2023-06-11 Lot 3882
估价：230 000 —240 000元
成交价：264 500元

勒弗莱（双鸡）酒庄马贡村干白葡萄酒2020年份
12支，750mL/支
法国勃艮第伯恩丘法定产区
中国嘉德 2023-11-29 Lot 3545
估价：无底价
成交价：28 750元

勒弗莱（双鸡）酒庄默尔索苏乐德安园一级园干白葡萄酒2020年份
12支，750mL/支
法国勃艮第伯恩丘法定产区
适饮期：已适宜饮用，或可继续陈年至2035年
中国嘉德 2023-11-29 Lot 3548
估价：60 000—65 000元
成交价：69 000元

勒弗莱（双鸡）酒庄普里尼-蒙哈榭福拉堤耶一级园干白葡萄酒2019年份
6支，750mL/支
（罗伯特·帕克团队评分：94分）
法国勃艮第伯恩丘法定产区
中国嘉德 2023-11-29 Lot 3546
估价：35 000—38 000元
成交价：40 250元

勒弗莱（双鸡）酒庄普栩乐一级园干白葡萄酒2008年、2009年、2010年份

3支，750mL/支
法国勃艮第伯恩丘法定产区
1. 勒弗莱（双鸡）酒庄2008年 1支
2. 勒弗莱（双鸡）酒庄2009年 1支
（罗伯特・帕克团队评分：93分以上）
3. 勒弗莱（双鸡）酒庄2010年 1支
（罗伯特・帕克团队评分：95分以上）
中国嘉德 2023-11-29 Lot 3547
估价：20 000 —24 000元
成交价：23 000元

勒弗莱酒庄（双鸡）巴塔蒙哈榭特级园干白葡萄酒2020年份

6支，750mL/支
法国勃艮第伯恩丘法定产区
适饮期：2030—2040年
中国嘉德 2023-06-11 Lot 3935
估价：100 000 —110 000元
成交价：161 000元

勒弗莱酒庄（双鸡）宾利巴塔蒙哈榭特级园干白葡萄酒2019年份

6支，750mL/支
（罗伯特・帕克评分：95分）
法国勃艮第伯恩丘法定产区
适饮期：2025—2050年
中国嘉德 2023-06-11 Lot 3936
估价：92 000 —100 000元
成交价：115 000元

里贝伯爵酒庄沃恩罗曼尼苏绣一级园干红葡萄酒2015年份

1支，750mL/支

法国勃艮第夜丘法定产区

适饮期：已适宜饮用，或可继续窖藏陈年至2031年

中国嘉德 2023-11-29 Lot 3516

估价：22 000 —26 000元

成交价：25 300元

卢米酒庄（Domaine G. Roumier）波内玛尔特级园干红葡萄酒2014年份

5支，750mL/支

（罗伯特·帕克团队评分：95—97分）

法国勃艮第夜丘法定产区

适饮期：已适宜饮用，也可继续窖藏陈年至2040年

中国嘉德 2023-06-11 Lot 3908

估价：90 000 —98 000元

成交价：103 500元

卢米酒庄卢索-香贝丹特级园干红葡萄酒2004年、2007年、2008年份

3支，750mL/支

法国勃艮第夜丘法定产区

1. 卢索 - 香贝丹2004年份 1支

适饮期：已适宜饮用，也可继续窖藏陈年至2030年

2. 卢索 - 香贝丹2007年份 1支

适饮期：已适宜饮用，也可继续窖藏陈年至2030年

3. 卢索 - 香贝丹2008年份 1支（罗伯特·帕克评分：95分）

适饮期：已适宜饮用，也可继续窖藏陈年至2038年

中国嘉德 2023-06-11 Lot 3909

估价：52 000 —56 000元

成交价：59 800元

卢米酒庄慕西尼特级园干红葡萄酒2012年份

1支，750mL/支

（罗伯特・帕克团队评分：97—99分）

法国勃艮第夜丘法定产区

中国嘉德 2023-11-29 Lot 3544

估价：130 000 —150 000元

成交价：149 500元

路易亚都蒙哈榭特级园白葡萄酒2018年份

3支，750mL/支

（罗伯特・帕克团队评分:93—95分）

法国勃艮第伯恩丘法定产区

中国嘉德 2023-11-29 Lot 3579

估价：15 000 —23 000元

成交价：17 250元

路易亚都（Maison Louis Jadot）科通查理曼特级园干白葡萄酒2017年份

12支，750mL/支

（罗伯特・帕克团队评分：93—95分）

法国勃艮第伯恩丘法定产区

适饮期：已适宜饮用

中国嘉德 2023-06-11 Lot 3940

估价：15 000 —17 000元

成交价：18 400元

木尼艾酒庄香波慕西尼干红葡萄酒2017年份

3支，750mL/支

法国勃艮第法定产区

适饮期：已适宜饮用，也可继续窖藏陈年至2040年

中国嘉德 2023-06-11 Lot 3910

估价：30 000 —32 000元

成交价：36 800元

慕尼耶酒庄香波慕西尼爱侣一级园干红葡萄酒 2012年份

1支，750mL/支
（罗伯特·帕克评分：93分）
法国勃艮第夜丘法定产区
适饮期：已适宜饮用，或可继续窖藏陈年至2040年
中国嘉德 2023-11-29 Lot 3518
估价：23 000 —26 000元
成交价：26 450元

皮尔吉酒庄当红“炸子鸡” 2019年份经典套装

18支，750mL/支
法国勃艮第金丘法定产区
1. 皮尔吉酒庄波玛瑚津一级园红葡萄酒2019年份 12支
2. 皮尔吉酒庄武若特级园红葡萄酒2019年份 6支
中国嘉德 2023-06-11 Lot 3918
估价：35 000 —37 000元
成交价：40 250元

彭寿酒园1998年份典藏套装

12支，750mL/支

法国勃艮第夜丘法定产区

1. 彭寿酒园石头园（Clos De La Roche）特级园1998年份 6支

2. 彭寿酒园教堂-香贝丹（Chapelle-Chambertin ）特级园1998年份 2支

3. 彭寿酒园格利特-香贝丹（Griotte Chambertin）特级园1998年份 2支

4. 彭寿酒园香贝丹（Chambertin）特级园1998年份 1支

5. 彭寿酒园圣丹尼斯（Clos Saint Denis）特级园1998年份 1支

中国嘉德 2023-06-11 Lot 3922

估价：50 000—60 000元

成交价：57 500元

皮耶侯奇酒庄（Domaine Prieure Roch）伏旧特级园干红葡萄酒2018年份

2支，750mL/支
法国勃艮第夜丘法定产区
适饮期：已适宜饮用，也可继续窖藏陈年至2035年
中国嘉德 2023-06-11 Lot 3899
估价：15 000 —17 000元
成交价：25 300元

皮耶侯奇酒庄沃恩罗曼尼-上麦泽园干红葡萄酒2018年份

2支，750mL/支
法国勃艮第夜丘法定产区
适饮期：已适宜饮用，也可继续窖藏陈年至2030年
中国嘉德 2023-06-11 Lot 3898
估价：13 000 —15 000元
成交价：14 950元

皮耶侯奇酒庄香贝丹-贝日特级园干红葡萄酒2018年份

3支，750mL/支
法国勃艮第夜丘法定产区
适饮期：已适宜饮用，也可继续窖藏陈年至2035年
中国嘉德 2023-06-11 Lot 3901
估价：50 000 —70 000元
成交价：69 000元

皮耶侯奇酒庄香贝丹贝斯特级园干红葡萄酒2019年份

1支，750mL/支
法国勃艮第夜丘法定产区
中国嘉德 2023-06-11 Lot 3893
估价：30 000 —33 000元
成交价：36 800元

皮耶侯奇酒庄夜圣乔治一级园2018年份精选套装

8支，750mL/支

法国勃艮第夜丘法定产区

1. 皮耶侯奇酒庄（菜刀）夜圣乔治一级园（Nuits-Saint-Georges 1er Cru）2018年份 2支
2. 皮耶侯奇酒庄（菜刀）夜圣乔治一级园老藤（Nuits-Saint-Georges 1er Cru, Vieilles Vignes）2018年份 2支
3. 皮耶侯奇酒庄（菜刀）夜圣乔治奥格丽一级园（Nuits-Saint-Georges 1er Cru, Clos des Argillieres）2018年份 2支
4. 皮耶侯奇酒庄（菜刀）夜圣乔治科维一级园（Nuits-Saint-Georges 1er Cru, Le Clos des Corvees）2018年份 2支

中国嘉德 2023-06-11 Lot 3897

估价：45 000—48 000元

成交价：126 500元

皮耶侯奇酒庄沃恩罗曼尼2018年份精选套装

2支，750mL、2支，1500mL/支

法国勃艮第夜丘法定产区

1. 沃恩罗曼尼-上麦泽园（Les Haut Maizieres）
2018年份 1支（750mL）1支（1500mL）
2. 沃恩罗曼尼-戈洛特园（Le Clos GoilLotte）
2018年份 1支（750mL）
3. 沃恩罗曼尼-苏绣一级园（Les Suchots）
2018年份 1支（1500mL）

中国嘉德 2023-11-29 Lot 3534

估价：49 000—52 000元

成交价：56 350元

皮耶侯奇酒庄香贝丹-贝日特级园干红葡萄酒2018年份

2支，750mL/支
法国勃艮第夜丘法定产区
中国嘉德 2023-11-29 Lot 3535
估价：33 000—38 000元
成交价：37 950元

皮耶侯奇酒庄夜圣乔治奥格丽一级园干红葡萄酒2018年份

6支，750mL/支
法国勃艮第夜丘法定产区
中国嘉德 2023-11-29 Lot 3532
估价：36 000—40 000元
成交价：41 400元

皮耶侯奇酒庄夜圣乔治-科维一级园干红葡萄酒2018年份

6支，750mL/支
法国勃艮第夜丘法定产区
中国嘉德 2023-11-29 Lot 3533
估价：38 000—42 000元
成交价：43 700元

皮耶侯奇酒庄夜圣乔治一级葡萄园老藤干红葡萄酒大瓶装（1500mL）2015年份

3支，1500mL/支
法国勃艮第夜丘法定产区
中国嘉德 2023-06-11 Lot 3896
估价：70 000—78 000元
成交价：115 000元

泰梅酒庄香牡香贝丹特级园干红葡萄酒2016年份

12支，750mL/支
法国勃艮第夜丘法定产区
适饮期：已适宜饮用，或可继续窖藏陈年至2038年
中国嘉德 2023-11-29 Lot 3583
估价：27 000—30 000元
成交价：31 050元

武戈公爵酒庄慕西尼特级园老藤干红葡萄酒2005年份

3支，750mL/支
（罗伯特·帕克团队评分：96—98分）
法国勃艮第法定产区
适饮期：已适宜饮用
中国嘉德 2023-11-29 Lot 3562
估价：48 000—50 000元
成交价：55 200元

武戈公爵酒庄慕西尼特级园老藤干红葡萄酒2019年份

3支，750mL/支
法国勃艮第法定产区
中国嘉德 2023-11-29 Lot 3561
估价：35 000—38 000元
成交价：40 250元

伊曼纽尔沃恩-罗曼尼帕宏图一级园干红葡萄酒2018年份

2支，750mL/支
法国勃艮第夜丘法定产区
适饮期：已适宜饮用，或可继续陈年至2050年
中国嘉德 2023-11-29 Lot 3517
估价：66 000—70 000元
成交价：75 900元

波尔多1855年梅多克列级酒庄2011年份大全套

61支，750mL/支

法国波尔多法定产区

中国嘉德 2023-06-11 Lot 3721

估价：80 000—98 000元

成交价：92 000元

波尔多1855年梅多克列级五大一级名庄套装

5支，750mL/支

法国波尔多法定产区，1855年梅多克列级一级酒庄

1. 拉菲古堡（Lafite Rothschild）2019年份 1支（罗伯特·帕克团队评分：100分）适饮期：2029—2069年
2. 木桐古堡（Mouton）2019年份 1支（罗伯特·帕克团队评分：98分）
适饮期：2029—2069年
3. 拉图古堡（Latour）2015年份 1支（罗伯特·帕克团队评分：99分）
适饮期：2029—2069年
4. 玛歌酒庄（Margaux）2019年份 1支（罗伯特·帕克团队评分：100分）
适饮期：2029—2069年
5. 侯伯王古堡（Haut Brion）2019年份 1支（罗伯特·帕克团队评分：98分）
适饮期：2033—2070年

中国嘉德 2023-11-29 Lot 3351

估价：10 000—25 000元

成交价：26 450元

拉菲古堡1968年份

2支，750mL/支
法国波尔多波亚克法定产区，1855年梅多克列级一级酒庄
适饮期：已适宜饮用
中国嘉德 2023-06-11 Lot 3750
估价：18 000—22 000元
成交价：20 700元

拉菲古堡（Chatrau Lafite Rothschild）1872年份（酒庄直出）

1支，750mL/支
（罗伯特·帕克评分：93分）
法国波尔多波亚克法定产区，1855年梅多克列级一级酒庄
适饮期：已适宜饮用,或可继续窖藏陈年至2035年
中国嘉德 2023-11-29 Lot 3418
估价：700 000—850 000元
成交价：805 000元

拉菲古堡1982年份（酒庄直出）

6支，750mL/支
（罗伯特·帕克评分：98分）
法国波尔多波亚克法定产区，1855年梅多克列级一级酒庄
适饮期：已适宜饮用,或可继续窖藏陈年至2045年
中国嘉德 2023-11-29 Lot 3416
估价：400 000—450 000元
成交价：483 000元

拉菲古堡1982年份

1支，750mL/支
（罗伯特·帕克评分：98分）
法国波尔多波亚克法定产区，1855年梅多克列级一级酒庄
适饮期：已适宜饮用,或可继续窖藏陈年至2045年
注：铅封轻微磨损
中国嘉德 2023-11-29 Lot 3415
估价：45 000—60 000元
成交价：51 750元

拉菲古堡2001—2018年垂直年份套装

18支，750mL/支

法国波尔多波亚克法定产区，1855年梅多克列级一级酒庄

1. 拉菲古堡2001年份 1支（罗伯特·帕克评分：94分）
适饮期：已适宜饮用

2. 拉菲古堡2002年份 1支（罗伯特·帕克评分：94分）
适饮期：已适宜饮用，也可继续窖藏陈年至2025年

3. 拉菲古堡2003年份 1支（罗伯特·帕克评分：100分）
适饮期：已适宜饮用，也可继续窖藏陈年至2039年

4. 拉菲古堡2004年份 1支（罗伯特·帕克评分：95分）
适饮期：已适宜饮用，也可继续窖藏陈年至2050年

5. 拉菲古堡2005年份 1支（罗伯特·帕克评分：96分）
适饮期：已适宜饮用，也可继续窖藏陈年至2050年

6. 拉菲古堡2006年份 1支（罗伯特·帕克评分：95分）
适饮期：已适宜饮用，也可继续窖藏陈年至2045年

7. 拉菲古堡2007年份 1支（罗伯特·帕克评分：94分）
适饮期：已适宜饮用，也可继续窖藏陈年至2035年

8. 拉菲古堡2008年份 1支（罗伯特·帕克评分：98分）
适饮期：已适宜饮用，也可继续窖藏陈年至2052年

9. 拉菲古堡2009年份 1支（罗伯特·帕克评分：97分）
适饮期：已适宜饮用，也可继续窖藏陈年至2049年

10. 拉菲古堡2010年份 1支（罗伯特·帕克评分：100分）
适饮期：2025—2080年

11. 拉菲古堡2011年份 1支（罗伯特·帕克评分：90—93分）

12. 拉菲古堡2012年份 1支（罗伯特·帕克评分：91分）
适饮期：已适宜饮用，也可继续窖藏陈年至2035年

13. 拉菲古堡2013年份 1支（罗伯特·帕克评分：90分）
适饮期：已适宜饮用，也可继续窖藏陈年至2030年

14. 拉菲古堡2014年份 1支（罗伯特·帕克评分：95分）
适饮期：2024—2045年

15. 拉菲古堡2015年份 1支（罗伯特·帕克评分：96分以上）
适饮期：2024—2045年

16. 拉菲古堡2016年份 1支（罗伯特·帕克评分：99分）
适饮期：已适宜饮用，也可继续窖藏陈年至2066年

17. 拉菲古堡2017年份 1支（罗伯特·帕克评分：97分以上）
适饮期：2024—2057年

18. 拉菲古堡2018年份 1支（罗伯特·帕克团队评分：100分）
适饮期：2028—2068年

中国嘉德 2023-06-11 Lot 3765

估价：120 000—150 000元

成交价：138 000元

拉菲古堡1996年份

12支，750mL/支
（罗伯特·帕克评分：100分）
法国波尔多波亚克法定产区，1855年波尔多列级一级酒庄
适饮期：已适宜饮用，也可继续窖藏陈年至2050年
中国嘉德 2023-06-11 Lot 3745
估价：130 000—150 000元
成交价：149 500元

拉菲古堡2003年份

12支，750mL/支
（罗伯特·帕克评分：100分）
法国波尔多波亚克法定产区，1855年梅多克列级一级酒庄
适饮期：已适宜饮用，也可继续窖藏陈年至2053年
中国嘉德 2023-06-11 Lot 3740
估价：120 000—130 000元
成交价：138 000元

拉菲古堡2005年份

12支，750mL/支
（罗伯特·帕克评分：96分）
法国波尔多波亚克法定产区，1855年梅多克列级一级酒庄
适饮期：已适宜饮用，也可继续窖藏陈年至2050年
中国嘉德 2023-06-11 Lot 3739
估价：110 000—120 000元
成交价：126 500元

拉菲古堡2005年份

6支，750mL/支
（罗伯特·帕克团队评分：96分）
法国波尔多波亚克法定产区，1855年梅多克列级一级酒庄
适饮期：已适宜饮用，或可继续窖藏陈年至2050年
中国嘉德 2023-11-29 Lot 3409
估价：55 000—75 000元
成交价：63 250元

拉菲古堡2010年份

12支，750mL/支
（罗伯特·帕克评分：98分）
法国波尔多波亚克法定产区，1855年梅多克列级一级酒庄
适饮期：已适宜饮用，也可继续窖藏陈年至2073年
中国嘉德 2023-06-11 Lot 3738
估价：100 000—110 000元
成交价：115 000元

拉菲古堡2010年份

6支，750mL/支
（罗伯特·帕克团队评分：100分）
法国波尔多波亚克法定产区，1855年梅多克列级一级酒庄
适饮期：2025—2060年
中国嘉德 2023-11-29 Lot 3407
估价：53 000—72 000元
成交价：60 950元

拉菲古堡2011年份

6支，750mL/支
（罗伯特·帕克评分：90—93分）
法国波尔多波亚克法定产区，1855年梅多克列级一级酒庄
中国嘉德 2023-06-11 Lot 3737
估价：45 000—48 000元
成交价：51 750元

拉菲古堡2015年份

12支，750mL/支
（罗伯特·帕克团队评分：96分以上）
法国波尔多波亚克法定产区，1855年梅多克列级一级酒庄
适饮期：已适宜饮用，或可继续窖藏陈年至2045年
中国嘉德 2023-11-29 Lot 3405
估价：90 000—110 000元
成交价：103 500元

拉菲古堡2018年份

（罗伯特·帕克评分：100分）
法国波尔多波亚克法定产区，1855年梅多克列级一级酒庄
适饮期：2028—2068年
30支，750mL/支
中国嘉德 2023-06-11 Lot 3735
估价：180 000 —260 000元
成交价：207 000元

拉菲古堡2019年份（酒庄直出）

12支，750mL/支
（罗伯特·帕克团队评分：100分）
法国波尔多波亚克法定产区，1855年梅多克列级一级酒庄
适饮期：2029—2065年
中国嘉德 2023-11-29 Lot 3402
估价：75 000 —80 000元
成交价：86 250元

拉菲古堡大瓶装（1500mL）1988年份

6支，1500mL/支
法国波尔多波亚克法定产区，1855年梅多克列级一级酒庄
适饮期：已适宜饮用，也可继续窖藏陈年至2035年
中国嘉德 2023-06-11 Lot 3754
估价：110 000 —120 000元
成交价：126 500元

拉菲古堡大瓶装（1500mL）2007年份

6支，1500mL/支
（罗伯特·帕克评分：94分）
法国波尔多波亚克法定产区，1855年梅多克列级一级酒庄
适饮期：已适宜饮用，也可继续窖藏陈年至2040年
中国嘉德 2023-06-11 Lot 3752
估价：90 000 —110 000元
成交价：103 500元

拉菲古堡大瓶装（1500mL）2008年份

6支，1500mL/支
（罗伯特·帕克评分：98分）
法国波尔多波亚克法定产区，1855年梅多克列级一级酒庄
适饮期：已适宜饮用，也可继续窖藏陈年至2052年
中国嘉德 2023-06-11 Lot 3751
估价：100 000—120 000元
成交价：126 500元

拉菲古堡大瓶装(3000mL) 2020年份

1支，3000mL/支
（罗伯特·帕克评分：97分以上）
法国波尔多波亚克法定产区，1855年梅多克列级一级酒庄
适饮期：2027—2055年
中国嘉德 2023-11-29 Lot 3422
估价：25 000—35 000元
成交价：32 200元

拉菲古堡大瓶装（3000mL）2017—2019年份垂直套装

3支，3000mL/支
法国波尔多波亚克法定产区，1855年梅多克列级一级酒庄
1. 拉菲古堡2017年份 1支（罗伯特·帕克团队评分：97分以上）
适饮期：2024—2057年
2. 拉菲古堡2018年份 1支（罗伯特·帕克团队评分：100分）
适饮期：2028—2068年
3. 拉菲古堡2019年份 1支（罗伯特·帕克团队评分：100分）
适饮期：2029—2065年
中国嘉德 2023-06-11 Lot 3755
估价：72 000—90 000元
成交价：89 700元

拉菲古堡大瓶装（6000mL）2015年份

1支，6000mL/支
（罗伯特·帕克团队评分：96分）
法国波尔多波亚克法定产区，1855年梅多克列级一级酒庄
适饮期：2024—2045年
中国嘉德 2023-06-11 Lot 3759
估价：110 000—120 000元
成交价：126 500元

拉菲古堡大瓶装（6000mL）2017年份

1支，6000mL/支

（罗伯特·帕克团队评分：97分以上）

法国波尔多波亚克法定产区，1855年梅多克列级一级酒庄

适饮期：2024—2057年

中国嘉德 2023-06-11 Lot 3758

估价：60 000—68 000元

成交价：94 300元

拉菲古堡大瓶装2020年份套装

1支，3000mL/支、6支，1500mL/支

法国波尔多波亚克法定产区，1855年梅多克列级一级酒庄

1. 拉菲古堡大瓶装（3000mL）2020年份 1支

（罗伯特·帕克团队评分：97分）

2. 拉菲古堡大瓶装（1500mL）2020年份 6支

（罗伯特·帕克团队评分：97分）

中国嘉德 2023-06-11 Lot 3756

估价：96 000—120 000元

成交价：126 500元

拉菲珍宝（小拉菲）2006年份

12支，750mL/支

法国波尔多波亚克法定产区，1855年梅多克列级一级酒庄副牌

中国嘉德 2023-06-11 Lot 3727

估价：39 000—43 000元

成交价：44 850元

拉菲珍宝2003年份

12支，750mL/支

（罗伯特·帕克评分：91分）

法国波尔多波亚克法定产区，1855年梅多克列级一级酒庄副牌

适饮期：已适宜饮用

中国嘉德 2023-11-29 Lot 3394

估价：46 000—55 000元

成交价：52 900元

拉菲珍宝2009年份

12支，750mL/支

（罗伯特·帕克评分：93分）

法国波尔多波亚克法定产区，1855年梅多克列级一级酒庄副牌

中国嘉德 2023-11-29 Lot 3393

估价：44 000—55 000元

成交价：51 750元

拉菲珍宝大瓶装(1500mL) 2010年份

6支，1500mL/支

（罗伯特·帕克评分：92分）

法国波尔多波亚克法定产区，1855年梅多克列级一级酒庄副牌

中国嘉德 2023-11-29 Lot 3397

估价：47 000—50 000元

成交价：54 050元

拉菲珍宝大瓶装(1500mL) 2018年份

6支，1500mL/支

（罗伯特·帕克团队评分：94分）

法国波尔多波亚克法定产区，1855年梅多克列级一级酒庄副牌

适饮期：已适宜饮用,或可继续窖藏陈年至2039年

中国嘉德 2023-11-29 Lot 3396

估价：39 000—50 000元

成交价：44 850元

拉菲珍宝大瓶装(3000mL) 2017年份

1支，3000mL/支

（罗伯特·帕克评分：91分）

法国波尔多波亚克法定产区，1855年梅多克列级一级酒庄副牌

适饮期：已适宜饮用，或可继续窖藏陈年至2035年

中国嘉德 2023-11-29 Lot 3398

估价：10 000—15 000元

成交价：13 800元

拉菲珍宝大瓶装(6000mL) 2020年份

1支，6000mL/支

（罗伯特·帕克团队评分：91分）

法国波尔多波亚克法定产区，1855年梅多克列级一级酒庄副牌

适饮期：2026—2040年

中国嘉德 2023-11-29 Lot 3399

估价：20 000 —30 000元

成交价：23 000元

拉菲珍宝大瓶装（6000mL）2009年份

1支，6000mL/支

（罗伯特·帕克团队评分：91分）

法国波尔多波亚克法定产区，1855年梅多克列级一级酒庄副牌

适饮期：已适宜饮用，或可继续窖藏陈年至2042年

中国嘉德 2023-11-29 Lot 3400

估价：25 000 —30 000元

成交价：28 750元

拉图古堡（Chateau Latour）1996年份

12支，750mL/支

（罗伯特·帕克评分：99分）

法国波尔多波亚克法定产区，1855年梅多克列级一级酒庄

适饮期：已适宜饮用，也可继续窖藏陈年至2050年

中国嘉德 2023-06-11 Lot 3774

估价：92 000 —110 000元

成交价：105 800元

拉图古堡2005年份

12支，750mL/支

（罗伯特·帕克团队评分：98分）

法国波尔多波亚克法定产区，1855年梅多克列级一级酒庄

适饮期：已适宜饮用，也可继续窖藏陈年至2065年

中国嘉德 2023-06-11 Lot 3772

估价：100 000 —110 000元

成交价：115 000元

拉图古堡2008年份

12支，750mL/支

（罗伯特・帕克评分：95分以上）

法国波尔多波亚克法定产区，1855年梅多克列级一级酒庄

适饮期：已适宜饮用，也可继续窖藏陈年至2045年

中国嘉德 2023-06-11 Lot 3771

估价：66 000—70 000元

成交价：75 900元

拉图古堡2008年份

12支，750mL/支

（罗伯特・帕克评分：95分以上）

法国波尔多波亚克法定产区，1855年梅多克列级一级酒庄

适饮期：已适宜饮用，或可继续窖藏陈年至2045年

中国嘉德 2023-11-29 Lot 3428

估价：68 000—85 000元

成交价：78 200元

拉图堡垒2012年份

12支，750mL/支

（罗伯特・帕克团队评分：92分）

法国波尔多波亚克法定产区，1855年梅多克列级一级酒庄副牌

适饮期：已适宜饮用

中国嘉德 2023-11-29 Lot 3425

估价：24 000—30 000元

成交价：27 600元

拉图古堡2014年份

12支，750mL/支

（罗伯特・帕克评分：97分）

法国波尔多波亚克法定产区，1855年梅多克列级一级酒庄

适饮期：2028—2065年

中国嘉德 2023-06-11 Lot 3769

估价：54 000—58 000元

成交价：62 100元

拉图古堡2015年份

12支，750mL/支

（罗伯特·帕克评分：95分）

法国波尔多波亚克法定产区，1855年梅多克列级一级酒庄

适饮期：已适宜饮用，或可继续窖藏陈年至2045年

中国嘉德 2023-11-29 Lot 3427

估价：73 000—85 000元

成交价：86 250元

拉图古堡大瓶装(1500mL) 2008年份

3支，1500mL/支

（罗伯特·帕克评分：95分以上）

法国波尔多波亚克法定产区，1855年梅多克列级一级酒庄

适饮期：已适宜饮用，或可继续窖藏陈年至2045年

中国嘉德 2023-11-29 Lot 3431

估价：32 000—42 000元

成交价：39 100元

拉图古堡大瓶装(3000mL) 2013年份

1支，3000mL/支

（罗伯特·帕克评分：88—90分）

法国波尔多波亚克法定产区，1855年梅多克列级一级酒庄

中国嘉德 2023-11-29 Lot 3432

估价：20 000—30 000元

成交价：25 300元

拉图古堡大瓶装（3000mL）2008年份

1支，3000mL/支

（罗伯特·帕克团队评分：95分）

法国波尔多波亚克法定产区，1855年梅多克列级一级酒庄

适饮期：已适宜饮用，也可继续窖藏陈年至2044年

中国嘉德 2023-06-11 Lot 3776

估价：23 000—25 000元

成交价：36 800元

玛歌古堡（Chateau Margaux）1996年份

12支，750mL/支

（罗伯特·帕克团队评分：100分）

法国波尔多玛歌法定产区，1855年梅多克列级一级酒庄

适饮期：已适宜饮用，也可继续窖藏陈年至2050年

中国嘉德 2023-06-11 Lot 3821

估价：96 000—100 000元

成交价：110 400元

玛歌古堡2008年份

12支，750mL/支

（罗伯特·帕克评分：94分）

法国波尔多玛歌法定产区，1855年梅多克列级一级酒庄

适饮期：已适宜饮用，也可继续窖藏陈年至2041年

中国嘉德 2023-06-11 Lot 3817

估价：56 000—60 000元

成交价：64 400元

玛歌古堡2017年份

12支，750mL/支

（罗伯特·帕克评分：98分）

法国波尔多玛歌法定产区，1855年梅多克列级一级酒庄

适饮期：2024—2060年

中国嘉德 2023-06-11 Lot 3813

估价：45 000—50 000元

成交价：55 200元

玛歌古堡2018年份

6支，750mL/支

（罗伯特·帕克团队评分：100分）

法国波尔多玛歌法定产区，1855年梅多克列级一级酒庄

适饮期：2027—2067年

中国嘉德 2023-11-29 Lot 3450

估价：28 000—35 000元

成交价：32 200元

玛歌古堡2019年份

6支，750mL/支
（罗伯特・帕克团队评分：100分）
法国波尔多玛歌法定产区，1855年梅多克列级一级酒庄
适饮期：2029—2069年
中国嘉德 2023-11-29 Lot 3449
估价：30 000—35 000元
成交价：35 650元

玛歌古堡大瓶装(1500mL) 2011年份

6支，1500mL/支
（罗伯特・帕克团队评分：93分）
法国波尔多玛歌法定产区，1855年梅多克列级一级酒庄
适饮期：已适宜饮用，或可继续窖藏陈年至2034年
中国嘉德 2023-11-29 Lot 3456
估价：54 000—78 000元
成交价：62 100元

玛歌古堡大瓶装（1500mL）2019年份

6支，1500mL/支
（罗伯特・帕克团队评分：100分）
法国波尔多玛歌法定产区，1855年梅多克列级一级酒庄
适饮期：2029—2069年
中国嘉德 2023-06-11 Lot 3812
估价：46 000—52 000元
成交价：52 900元

玛歌古堡大瓶装（3000mL、6000mL）2020年份套装

1支，3000mL/支、1支，6000mL/支
法国波尔多玛歌法定产区，1855年梅多克列级一级酒庄
1. 玛歌古堡大瓶装（3000mL）1支（罗伯特・帕克团队评分：97分以上）适饮期：2030—2060年
2. 玛歌古堡大瓶装（6000mL）1支（罗伯特・帕克团队评分：97分以上）
中国嘉德 2023-11-29 Lot 3457
估价：58 000—75 000元
成交价：66 700元

玛歌古堡大瓶装（6000mL）2016年份

1支，6000mL/支

（罗伯特·帕克评分：99分）

法国波尔多玛歌法定产区，1855年梅多克列级一级酒庄

适饮期：2024—2063年

中国嘉德 2023-06-11 Lot 3814

估价：58 000—60 000元

成交价：74 750元

玛歌白亭2019年份

12支，750mL/支

（罗伯特·帕克评分：93分）

法国波尔多玛歌法定产区，1855年梅多克列级一级酒庄副牌

适饮期：已适宜饮用，也可继续窖藏陈年至2035年

中国嘉德 2023-06-11 Lot 3806

估价：21 000—23 000元

成交价：26 450元

玛歌白亭2020年份

12支，750mL/支

（罗伯特·帕克团队评分：100分）

法国波尔多波亚克法定产区，1855年梅多克列级一级酒庄副牌

适饮期：2030—2070年

中国嘉德 2023-11-29 Lot 3446

估价：24 000—30 000元

成交价：33 350元

木桐古堡（Chateau Mouton Rothschild）1982年份

3支，750mL/支

（罗伯特·帕克评分：100分）

法国波尔多波亚克法定产区，1855年梅多克列级一级酒庄

适饮期：已适宜饮用，也可继续窖藏陈年至2050年

中国嘉德 2023-06-11 Lot 3801

估价：40 000—48 000元

成交价：103 500元

木桐古堡1982年份

2支，750mL/支
（罗伯特·帕克评分：100分）
法国波尔多波亚克法定产区，1855年梅多克列级一级酒庄
适饮期：已适宜饮用，或可继续窖藏陈年至2045年
中国嘉德 2023-11-29 Lot 3441
估价：37 000—48 000元
成交价：42 550元

木桐古堡1983年份

6支，750mL/支
（罗伯特·帕克评分：98分以上）
法国波尔多波亚克法定产区，1855年梅多克列级一级酒庄
适饮期：已适宜饮用
中国嘉德 2023-06-11 Lot 3800
估价：35 000—38 000元
成交价：48 300元

木桐古堡1987年份

6支，750mL/支
（罗伯特·帕克团队评分：88分）
法国波尔多波亚克法定产区，1855年梅多克列级一级酒庄
适饮期：已适宜饮用
中国嘉德 2023-11-29 Lot 3440
估价：33 000—45 000元
成交价：37 950元

木桐古堡1996年份

12支，750mL/支
（罗伯特·帕克团队评分：97分以上）
法国波尔多波亚克法定产区，1855年梅多克列级一级酒庄
中国嘉德 2023-06-11 Lot 3796
估价：72 000—80 000元
成交价：92 000元

木桐古堡2000年份

12支，750mL/支
（罗伯特·帕克团队评分：97分以上）
法国波尔多波亚克法定产区，1855年梅多克列级一级酒庄
适饮期：已适宜饮用，也可继续窖藏陈年至2055年
中国嘉德 2023-06-11 Lot 3793
估价：270 000—300 000元
成交价：310 500元

木桐古堡2008年份

12支，750mL/支
（罗伯特·帕克团队评分：94分以上）
法国波尔多波亚克法定产区，1855年年梅多克列级一级酒庄
适饮期：已适宜饮用，或可继纟窖藏陈年至2045年
中国嘉德 2023-11-29 Lot 3436
估价：70 000—88 000元
成交价：80 500元

木桐古堡2008年份

12支，750mL/支
（罗伯特·帕克团队评分：95分）
法国波尔多波亚克法定产区，1855年梅多克列级一级酒庄
适饮期：已适宜饮用，也可继续窖藏陈年至2045年
中国嘉德 2023-06-11 Lot 3791
估价：70 000—78 000元
成交价：80 500元

木桐古堡2009年份

12支，750mL/支
（罗伯特·帕克团队评分：99分）
法国波尔多波亚克法定产区，1855年梅多克列级一级酒庄
适饮期：已适宜饮用，也可继续窖藏陈年至2060年
中国嘉德 2023-06-11 Lot 3790
估价：82 000—86 000元
成交价：94 300元

木桐古堡家族2017年份精选套装

12支，750mL/支

法国波尔多波亚克法定产区，1855年梅多克列级一级酒庄

1. 木桐银翼古堡（Aile D’Argent）2017年份 2支（罗伯特·帕克团队评分：91-93分）

适饮期：已适宜饮用

2. 小木桐古堡（Le Petit Mouton）2017年份 2支（罗伯特·帕克团队评分：91分）

适饮期：已适宜饮用，也可继续窖藏陈年至2032年

3. 木桐古堡（Château Mouton）2017年份 2支（罗伯特·帕克团队评分：96分以上）

适饮期：已适宜饮用，也可继续窖藏陈年至2067年

4. 克拉米伦酒庄（Château Clerc - Milon）2017年份 2支（罗伯特·帕克团队评分：94分以上）

适饮期：已适宜饮用，也可继续窖藏陈年至2045年

5. 达马邑堡（Château d’Armailhac）2017年份 2支（罗伯特·帕克团队评分：92分以上）

适饮期：已适宜饮用，也可继续窖藏陈年至2037年

6. 古岱堡（Château Coutet）2017年份 2支（罗伯特·帕克团队评分：95分）

适饮期：已适宜饮用，也可继续窖藏陈年至2045年

中国嘉德 2023-06-11 Lot 3779

估价：17 000—19 000元

成交价：23 000元

木桐古堡2016年份

12支，750mL/支
（罗伯特·帕克团队评分：100分）
法国波尔多波亚克法定产区，1855年梅多克列级一级酒庄
适饮期：已适宜饮用，也可继续窖藏陈年至2085年
中国嘉德 2023-06-11 Lot 3785
估价：82 000—86 000元
成交价：94 300元

木桐古堡2019年份

12支，750mL/支
（罗伯特·帕克团队评分：98分以上）
法国波尔多波亚克法定产区，1855年梅多克列级一级酒庄
适饮期：2035—2065年
中国嘉德 2023-06-11 Lot 3783
估价：38 000—56 000元
成交价：46 000元

木桐古堡大瓶装（1500mL）2019年份

6支，1500mL/支
（罗伯特·帕克团队评分：98分）
法国波尔多波亚克法定产区，1855年梅多克列级一级酒庄
适饮期：2035—2065年
中国嘉德 2023-06-11 Lot 3802
估价：39 000—58 000元
成交价：48 300元

小木桐（木桐古堡副牌）2015年份

12支，750mL/支
（罗伯特·帕克团队评分：93分）
法国波尔多波亚克法定产区，1855年梅多克列级一级酒庄副牌
适饮期：已适宜饮用，或可继续窖藏陈年至2040年
中国嘉德 2023-11-29 Lot 3434
估价：32 000—42 000元
成交价：36 800元

侯伯王古堡（Chateau Haut-Brion）1995年份

12支，750mL/支

（罗伯特·帕克评分：96分）

法国波尔多佩萨克·雷奥良产区，1855年梅多克列级一级酒庄

适饮期：已适宜饮用，也可继续窖藏陈年至2035年

中国嘉德 2023-06-11 Lot 3829

估价：62 000—68 000元

成交价：71 300元

侯伯王古堡2007年份

12支，750mL/支

（罗伯特·帕克团队评分：94分）

法国波尔多佩萨克·雷奥良产区，1855年梅多克列级一级酒庄

适饮期：已适宜饮用，也可继续窖藏陈年至2040年

中国嘉德 2023-06-11 Lot 3827

估价：56 000—60 000元

成交价：64 400元

侯伯王古堡2007年份

6支，750mL/支

（罗伯特·帕克团队评分：94分）

法国波尔多佩萨克·雷奥良产区，1855年梅多克列级一级酒庄

适饮期：已适宜饮用，或可继续窖藏陈年至2040年

中国嘉德 2023-11-29 Lot 3461

估价：29 000—32 000元

成交价：33 350元

侯伯王古堡2014年份

12支，750mL/支

（罗伯特·帕克评分：98分）

法国波尔多佩萨克·雷奥良产区，1855年梅多克列级一级酒庄

适饮期：已适宜饮用，也可继续窖藏陈年至2050年

中国嘉德 2023-06-11 Lot 3826

估价：45 000—48 000元

成交价：51 750元

侯伯王古堡2018年份

12支，750mL/支
（罗伯特·帕克团队评分：100分）
法国波尔多佩萨克·雷奥良产区，1855年梅多克列级一级酒庄
适饮期：2028—2068年
中国嘉德 2023-06-11 Lot 3824
估价：58 000—62 000元
成交价：66 700元

侯伯王古堡干白2005年份

6支，750mL/支
（罗伯特·帕克团队评分：95分）
法国波尔多佩萨克·雷奥良产区，1855年梅多克列级一级酒庄
适饮期：已适宜饮用，可继续窖藏陈年至2025年
中国嘉德 2023-06-11 Lot 3831
估价：120 000—130 000元
成交价：138 000元

侯伯王古堡干白2007年份

6支，750mL/支
（罗伯特·帕克评分：95分）
法国波尔多佩萨克·雷奥良产区，1855年梅多克列级一级酒庄
中国嘉德 2023-11-29 Lot 3464
估价：68 000—72 000元
成交价：78 200元

侯伯王古堡干白2006年份

6支，750mL/支
（罗伯特·帕克评分：95分）
法国波尔多佩萨克·雷奥良产区，1855年梅多克列级一级酒庄
适饮期：已适宜饮用，或可继续窖藏陈年至2035年
中国嘉德 2023-11-29 Lot 3465
估价：68 000—72 000元
成交价：78 200元

侯伯王古堡干白2010年份

6支，750mL/支

（罗伯特 · 帕克团队评分：95分）

法国波尔多佩萨克 · 雷奥良产区，1855年梅多克列级一级酒庄

适饮期：已适宜饮用，可继续窖藏陈年至2025年

中国嘉德 2023-06-11 Lot 3832

估价：120 000 —130 000元

成交价：138 000元

侯伯王古堡干白2020年份

6支，750mL/支

（罗伯特 · 帕克团队评分：99分）

法国波尔多佩萨克 · 雷奥良产区，1855年梅多克列级一级酒庄

适饮期：2030—2065年

中国嘉德 2023-11-29 Lot 3463

估价：45 000 —60 000元

成交价：55 200元

碧尚男爵古堡2010年份

6支，750mL/支

（罗伯特 · 帕克团队评分：96分）

法国波尔多波亚克法定产区，1855年梅多克列级二级酒庄

适饮期：已适宜饮用，或可继续窖藏陈年至2055年

中国嘉德 2023-11-29 Lot 3354

估价：无底价

成交价：12 650元

碧尚男爵古堡2015年份

12支，750mL/支

（罗伯特 · 帕克评分：97分）

法国波尔多波亚克法定产区，1855年梅多克列级二级酒庄

适饮期：已适宜饮用，也可继续窖藏陈年至2048年

中国嘉德 2023-06-11 Lot 3685

估价：无底价

成交价：8 050元

杜哈特米隆古堡（Chateau Duhart-Milon）2003年份

12支，750mL/支

（罗伯特·帕克评分：94分）

法国波尔多波亚克法定产区，1855年梅多克列级四级酒庄

适饮期：已适宜饮用

中国嘉德 2023-06-11 Lot 3707

估价：13 000—15 000元

成交价：14 950元

杜哈特米隆古堡2008年份

12支，750mL/支

（罗伯特·帕克评分：94分）

法国波尔多波亚克法定产区，1855年梅多克列级四级酒庄

适饮期：已适宜饮用，或可继续窖藏陈年至2036年

中国嘉德 2023-11-29 Lot 3375

估价：11 000—18 000元

成交价：12 650元

杜哈特米隆古堡2018年份

6支，750mL/支

（罗伯特·帕克评分：94分以上）

法国波尔多波亚克法定产区，1855年梅多克列级四级酒庄

适饮期：已适宜饮用，或可继续窖藏陈年至2040年

中国嘉德 2023-11-29 Lot 3374

估价：无底价

成交价：6 325元

庞特·卡奈古堡（Chateau Pontet-Canet）2010年份

12支，750mL/支

（罗伯特·帕克团队评分：100分）

法国波尔多波亚克法定产区，1855年梅多克列级五级酒庄

适饮期：已适宜饮用，或可继续窖藏陈年至2075年

中国嘉德 2023-11-29 Lot 3376

估价：无底价

成交价：20 700元

克拉米伦古堡（Chateau Clerc Milon）2015年份

12支，750mL/支

（罗伯特·帕克团队评分：93分以上）

法国波尔多波亚克法定产区，1855年梅多克列级五级酒庄

适饮期：已适宜饮用，或可继续窖藏陈年至2040年

中国嘉德 2023-11-29 Lot 3378

估价：12 000—18 000元

成交价：13 800元

雄狮古堡（Chateau Leoville Las Cases）1996年份

12支，750mL/支

（罗伯特·帕克评分：98分）

法国波尔多圣朱利安法定产区，1855梅多克列级二级酒庄

适饮期：已适宜饮用，也可继续窖藏陈年至2050年

中国嘉德 2023-06-11 Lot 3691

估价：35 000—37 000元

成交价：40 250元

雄狮古堡2019年份

6支，750mL/支

法国波尔多圣朱利安法定产区，1855年波尔多列级二级酒庄

适饮期：2035—2065年

中国嘉德 2023-11-29 Lot 3352

估价：无底价

成交价：9 775元

大宝古堡（Chateau Talbot）2018年份

12支，750mL/支

（罗伯特·帕克团队评分：91分）

法国波尔多圣朱利安法定产区，1855年梅多克列级四级酒庄

适饮期：已适宜饮用，或可继续窖藏陈年至2038年

中国嘉德 2023-11-29 Lot 3371

估价：无底价

成交价：9 200元

大宝古堡大瓶装(6000mL) 2017年份

2支，6000mL/支
（罗伯特·帕克团队评分：91分）
法国波尔多圣朱利安法定产区，1855年梅多克列级四级酒庄
适饮期：已适宜饮用，或可继续窖藏陈年至2033年
中国嘉德 2023-11-29 Lot 3372
估价：无底价
成交价：8 050元

鲁臣世家（Chateau Rauzan-Segla）2009年份组合套装

12支，750mL/支、6支，1500mL/支、1支，3000mL/支、1支，5000mL/支
（罗伯特·帕克评分：94分）
法国波尔多玛歌法定产区，1855年梅多克列级二级酒庄
适饮期：已适宜饮用，也可继续窖藏陈年至2035年
中国嘉德 2023-06-11 Lot 3697
估价：60 000 —80 000元
成交价：69 000元

克莱蒙教皇堡（Chateau Pape Clement）白葡萄酒2017年份

12支，750mL/支
（罗伯特·帕克团队评分:94分）
法国波尔多佩萨克·雷奥良产区，格拉芙列级酒庄
适饮期：已适宜饮用，或可继续窖藏陈年至2033年
中国嘉德 2023-11-29 Lot 3383
估价：12 000 —17 000元
成交价：13 800元

克莱蒙教皇堡干红2019年份

12支，750mL/支
法国波尔多佩萨克·雷奥良产区，格拉芙列级酒庄
中国嘉德 2023-11-29 Lot 3382
估价：无底价
成交价：9 775元

凯隆世家古堡（Chateau Calo Segur）2006年份

24支，750mL/支

（罗伯特·帕克团队评分：93分）

法国波尔多圣爱斯特菲法定产区，1855梅多克列级三级酒庄

适饮期：已适宜饮用，也可继续窖藏陈年至2040年

中国嘉德 2023-06-11 Lot 3700

估价：25 000 —27 000元

成交价：28 750元

凯隆世家古堡2019年份

6支，750mL/支

（罗伯特·帕克团队评分：93分）

法国波尔多圣爱斯特菲法定产区，1855年梅多克列级三级酒庄

适饮期：2025—2055年

中国嘉德 2023-11-29 Lot 3364

估价：无底价

成交价：7 475元

凯隆世家古堡2020年份

12支，750mL/支

（罗伯特·帕克团队评分：97分）

法国波尔多圣爱斯特菲法定产区，1855年梅多克列级三级酒庄

适饮期：2027—2055年

中国嘉德 2023-11-29 Lot 3365

估价：11 000 —16 000元

成交价：14 950元

爱诗图古堡（Chateau Cos d'Estournel）2017年份

36支，750mL/支

（罗伯特·帕克评分：98分以上）

法国波尔多圣爱斯特菲法定产区，1855年波尔多列级二级酒庄

适饮期：2025—2065年

中国嘉德 2023-06-11 Lot 3682

估价：30 000 —45 000元

成交价：36 800元

爱诗图古堡2019年份

24支，750mL/支

（罗伯特·帕克团队评分：97分以上）

法国波尔多圣爱斯特菲法定产区，1855年波尔多列级二级酒庄

适饮期：2027—2055年

中国嘉德 2023-06-11 Lot 3681

估价：无底价

成交价：26 450元

爱诗途古堡2019年份

6支，750mL/支

（罗伯特·帕克团队评分：97分）

法国波尔多圣爱斯特菲法定产区，1855年梅多克列级二级酒庄

适饮期：2027—2055年

中国嘉德 2023-11-29 Lot 3358

估价：无底价

成交价：13 800元

爱诗途古堡2020年份

12支，750mL/支

（罗伯特·帕克团队评分：94分）

法国波尔多圣爱斯特菲法定产区，1855年梅多克列级二级酒庄

适饮期：2025—2045年

中国嘉德 2023-11-29 Lot 3359

估价：22 000 —33 000元

成交价：25 300元

爱诗途古堡大瓶装(3000mL) 2020年份

1支，3000mL/支

（罗伯特·帕克团队评分：94分）

法国波尔多圣爱斯特菲法定产区，1855年梅多克列级二级酒庄

适饮期：2025—2045年

中国嘉德 2023-11-29 Lot 3360

估价：无底价

成交价：11 500元

玫瑰山古堡（Chateau Montrose）2005年份

12支，750mL/支
（罗伯特·帕克团队评分：98分）
法国波尔多圣爱斯特菲法定产区，1855波尔多列级二级酒庄
适饮期：2025—2065年
中国嘉德 2023-06-11 Lot 3684
估价：无底价
成交价：17 250元

玫瑰山古堡2005年份

12支，750mL/支
（罗伯特·帕克团队评分：98分）
法国波尔多圣爱斯特菲法定产区，1855年梅多克列级二级酒庄
适饮期：2025—2065年
中国嘉德 2023-11-29 Lot 3356
估价：19 000—25 000元
成交价：21 850元

玫瑰山古堡2019年份

6支，750mL/支
（罗伯特·帕克团队评分：97分）
法国波尔多圣爱斯特菲法定产区，1855年梅多克列级二级酒庄
适饮期：2029—2065年
中国嘉德 2023-11-29 Lot 3355
估价：无底价
成交价：9 200元

龙船古堡（Chateau Beychevelle）2009年份

12支，750mL/支
（罗伯特·帕克评分：93分）
法国波尔多圣朱里安法定产区，1855年梅多克列级四级酒庄
适饮期：已适宜饮用，或可继续窖藏陈年至2042年
中国嘉德 2023-11-29 Lot 3367
估价：无底价
成交价：18 400元

龙船古堡2010年份

12支，750mL/支

（罗伯特・帕克评分：94分）

法国波尔多圣朱里安法定产区，1855年梅多克列级四级酒庄

中国嘉德 2023-11-29 Lot 3366

估价：无底价

成交价：20 700元

龙船古堡大瓶装(1500mL) 2020年份

6支，1500mL/支

（罗伯特・帕克团队评分：93分以上）

法国波尔多圣朱里安法定产区，1855年梅多克列级四级酒庄

适饮期：2027—2055年

中国嘉德 2023-11-29 Lot 3368

估价：无底价

成交价：18 400元

龙船古堡大瓶装（1500mL）2018年份

12支，1500mL/支

（罗伯特・帕克团队评分：95分）

法国波尔多圣朱里安法定产区，1855年梅多克列级四级酒庄

适饮期：2026—2046年

中国嘉德 2023-06-11 Lot 3704

估价：21 000 —28 000元

成交价：32 200元

龙船古堡大瓶装(3000mL) 2017年份

3支，3000mL/支

（罗伯特・帕克团队评分：94分以上）

法国波尔多圣朱利安法定产区

适饮期：已适宜饮用，或可继续窖藏陈年至2042年

中国嘉德 2023-11-29 Lot 3370

估价：13 000 —19 000元

成交价：20 700元

龙船古堡大瓶装(6000mL) 2020年份

1支，6000mL/支

（罗伯特 · 帕克团队评分:93分以上）

法国波尔多圣朱里安法定产区，1855年梅多克列级四级酒庄

适饮期：2027—2055年

中国嘉德 2023-11-29 Lot 3369

估价：无底价

成交价：18 400元

滴金古堡（Chateau d'Yquem)甜白葡萄酒小瓶装（375mL）2019年份

12支，375mL/支

法国波尔多苏玳法定产区

适饮期：已适宜饮用,或可继续窖藏陈年至2039年

中国嘉德 2023-11-29 Lot 3391

估价：17 000 —23 000元

成交价：20 700元

滴金古堡甜白葡萄酒2015年份

12支，750mL/支

（罗伯特 · 帕克团队评分：100分）

法国波尔多苏玳法定产区

适饮期：2025—2065年

中国嘉德 2023-06-11 Lot 3718

估价：40 000 —42 000元

成交价：46 000元

美讯堡（Chateau La Mission Haut-Brion）2010年份

6支，750mL/支

（罗伯特 · 帕克评分：100分）

法国波尔多佩萨克 · 雷奥良产区

适饮期：已适宜饮用，也可继续窖藏陈年至2070年

中国嘉德 2023-06-11 Lot 3834

估价：31 000 —33 000元

成交价：35 650元

美讯堡2016年份

6支，750mL/支
（罗伯特·帕克评分：98分以上）
法国波尔多佩萨克·雷奥良产区
适饮期：已适宜饮用，也可继续窖藏陈年至2054年
中国嘉德 2023-06-11 Lot 3833
估价：18 000—22 000元
成交价：20 700元

柏翠古堡（Chateau Petrus）1982年份

3支，750mL/支
（罗伯特·帕克团队评分：96分）
法国波尔多波美侯产区
适饮期：已适宜饮用，可继续窖藏陈年至2028年
中国嘉德 2023-06-11 Lot 3861
估价：100 000—120 000元
成交价：149 500元

柏翠古堡2007年份

3支，750mL/支
（罗伯特·帕克团队评分：96分）
法国波尔多波美侯产区
适饮期：已适宜饮用，可继续窖藏陈年至2033年
中国嘉德 2023-06-11 Lot 3859
估价：100 000—110 000元
成交价：126 500元

柏翠古堡2012年份

6支，750mL/支
法国波尔多波美侯产区
适饮期：已适宜饮用，也可继续窖藏陈年至2050年
中国嘉德 2023-06-11 Lot 3858
估价：140 000—180 000元
成交价：161 000元

柏翠古堡2019年份

6支，750mL/支
（罗伯特・帕克评分：98分以上）
法国波尔多波美侯法定产区
适饮期：已适宜饮用，也可继续窖藏陈年至2063年
中国嘉德 2023-06-11 Lot 3857
估价：100 000—220 000元
成交价：218 500元

柏翠古堡大瓶装（3000mL）2015年份

1支，3000mL/支
（罗伯特・帕克团队评分：100分）
法国波尔多波美侯法定产区
适饮期：2024—2058年
中国嘉德 2023-06-11 Lot 3862
估价：70 000—120 000元
成交价：172 500元

柏翠酒庄2019年份

6支，750mL/支
（罗伯特・帕克团队评分：96分）
法国波尔多波美侯法定产区
适饮期：2029—2059年
中国嘉德 2023-11-29 Lot 3498
估价：120 000—200 000元
成交价：138 000元

柏翠酒庄大瓶装（3000mL）2015年份

1支，3000mL/支
（罗伯特・帕克团队评分：100分）
法国波尔多波美侯法定产区
适饮期：已适宜饮用，或可继续窖藏陈年至2058年
中国嘉德 2023-11-29 Lot 3501
估价：80 000—110 000元
成交价：92 000元

柏翠古堡大瓶装（1500mL）垂直套装2014—2019年份

6支，1500mL/支

法国波尔多波美侯法定产区

1. 柏翠古堡2014年份 1支（罗伯特・帕克团队评分：93分）适饮期：已适宜饮用，也可继续窖藏陈年至2035年
2. 柏翠古堡2015年份 1支（罗伯特・帕克团队评分：100分）适饮期：2024—2058年
3. 柏翠古堡2016年份 1支（罗伯特・帕克团队评分：100分）适饮期：2024—2074年
4. 柏翠古堡2017年份 1支（罗伯特・帕克团队评分：98分以上）适饮期：已适宜饮用，也可继续窖藏陈年至2063年
5. 柏翠古堡2018年份 1支（罗伯特・帕克团队评分：100分）适饮期：2029—2080年
6. 柏翠古堡2019年份 1支（罗伯特・帕克团队评分：96分）适饮期：2029—2059年

中国嘉德 2023-06-11 Lot 3863

估价：160 000—300 000元

成交价：379 500元

柏翠酒庄大瓶装（3000mL）1997年份
1支，3000mL/支
（罗伯特·帕克评分：91分）
法国波尔多波美侯法定产区
适饮期：已适宜饮用，或可继续窖藏陈年至2025年
中国嘉德 2023-11-29 Lot 3502
估价：98 000—110 000元
成交价：112 700元

白马古堡（Chateau Cheval Blanc）2000年份
6支，750mL/支
（罗伯特·帕克评分：99分）
法国波尔多圣爱美浓法定产区，列级一级特等A级酒庄
适饮期：已适宜饮用，也可继续窖藏陈年至2040年
中国嘉德 2023-06-11 Lot 3839
估价：50 000—56 000元
成交价：69 000元

柏翠酒庄大瓶装（1500mL）2014—2016年份垂直年份套装
6支，1500mL/支
法国波尔多波美侯法定产区
1. 柏翠酒庄大瓶装（1500mL）2014年份 2支
（罗伯特·帕克团队评分：93分）
适饮期：已适宜饮用，或可继续窖藏陈年至2035年
2. 柏翠酒庄大瓶装（1500mL）2015年份 2支
（罗伯特·帕克团队评分：100分）
适饮期：已适宜饮用，或可继续窖藏陈年至2058年
3. 柏翠酒庄大瓶装（1500mL）2016年份 2支
（罗伯特·帕克团队评分：100分）
适饮期：已适宜饮用，或可继续窖藏陈年至2074年
中国嘉德 2023-11-29 Lot 3500
估价：240 000—360 000元
成交价：276 000元

白马古堡大瓶装（1500mL）1999年份

3支，1500mL/支
（罗伯特・帕克评分：93分）
法国波尔多圣爱美浓法定产区，列级一级特等A级酒庄
适饮期：已适宜饮用
中国嘉德 2023-06-11 Lot 3838
估价：25 000 —28 000元
成交价：28 750元

白马古堡大瓶装（6000mL）2011年份

1支，6000mL/支
（罗伯特・帕克团队评分：97分）
法国波尔多圣爱美浓法定产区，列级一级特等A级酒庄
适饮期：已适宜饮用，可继续窖藏陈年至2050年
中国嘉德 2023-06-11 Lot 3837
估价：50 000 —52 000元
成交价：57 500元

白马酒庄2005年份（酒庄直出）

6支，750mL/支
（罗伯特・帕克团队评分：100分）
法国波尔多圣爱美浓法定产区，列级一级特等A级酒庄
适饮期：已适宜饮用，可继续窖藏陈年至2035年
中国嘉德 2023-06-11 Lot 3836
估价：82 000 —84 000元
成交价：94 300元

柏菲古堡（Chateau Pavie）2015年份

6支，750mL/支
（罗伯特・帕克团队评分：98分）
法国波尔多圣爱美浓法定产区，列级一级特等A级酒庄
适饮期：2024—2045年
中国嘉德 2023-11-29 Lot 3484
估价：18 000 —22 000元
成交价：20 700元

柏菲帕克2000年、2005年、2009年、2010年份满分精选套装

4支，750mL/支
法国波尔多圣爱美浓法定产区，列级一级A等酒庄
1. 柏菲帕克2000年份 1支（罗伯特·帕克评分：100分）
适饮期：已适宜饮用，也可继续窖藏陈年至2055年
2. 柏菲帕克2005年份 1支（罗伯特·帕克评分：100分）
适饮期：已适宜饮用，也可继续窖藏陈年至2120年
3. 柏菲帕克2009年份 1支（罗伯特·帕克评分：100分）
适饮期：已适宜饮用，也可继续窖藏陈年至2059年
4. 柏菲帕克2010年份 1支（罗伯特·帕克评分：100分）
适饮期：已适宜饮用，也可继续窖藏陈年至2060年
中国嘉德 2023-06-11 Lot 3852
估价：27 000—29 000元
成交价：31 050元

柏菲古堡2019年份

6支，750mL/支
（罗伯特·帕克团队评分：96分）
法国波尔多圣爱美浓法定产区，列级一级特等A级酒庄
适饮期：2026—2055年
中国嘉德 2023-11-29 Lot 3483
估价：16 000—20 000元
成交价：23 000元

柏菲庄园2005年份

12支，750mL/支
（罗伯特·帕克评分：100分）
法国波尔多圣爱美浓法定产区，列级一级A等酒庄
适饮期：已适宜饮用，也可继续窖藏陈年至2120年
中国嘉德 2023-06-11 Lot 3850
估价：56 000—58 000元
成交价：64 400元

柏菲庄园2010年份

12支，750mL/支

（罗伯特·帕克评分：100分）

法国波尔多圣爱美浓法定产区，列级一级A等酒庄

适饮期：已适宜饮用，也可继续窖藏陈年至2060年

中国嘉德 2023-06-11 Lot 3848

估价：38 000 —40 000元

成交价：43 700元

柏菲庄园2012年份

12支，750mL/支

（罗伯特·帕克评分：95分）

法国波尔多圣爱美浓法定产区，列级一级A等酒庄

适饮期：已适宜饮用，也可继续窖藏陈年至2052年

中国嘉德 2023-06-11 Lot 3847

估价：34 000 —36 000元

成交价：39 100元

柏菲庄园大瓶装（3000mL）2016年份

1支，3000mL/支

（罗伯特·帕克评分：100分）

法国波尔多圣爱美浓法定产区，列级一级特等A级酒庄

适饮期：已适宜饮用，也可继续窖藏陈年至2060年

中国嘉德 2023-06-11 Lot 3845

估价：14 000 —16 000元

成交价：16 100元

里鹏酒庄（Le Pin）干红葡萄酒大瓶装（1500mL）2007年份（酒庄直出）

3支，1500mL/支

法国波尔多波美侯法定产区

中国嘉德 2023-11-29 Lot 3496

估价：220 000 —230 000元

成交价：253 000元

里鹏酒庄干红葡萄酒大瓶装（3000mL）2007年份（酒庄直出）

1支，3000mL/支
法国波尔多波美侯法定产区
中国嘉德 2023-11-29 Lot 3497
估价：170 000—180 000元
成交价：195 500元

巴顿男爵古堡2003年份

12支，750mL/支
（罗伯特·帕克评分：96分）
法国波尔多圣朱里安法定产区，1855年波尔多列级二级酒庄
适饮期：已适宜饮用，也可继续窖藏陈年至2044年
中国嘉德 2023-06-11 Lot 3683
估价：无底价
成交价：13 800元

宝玛酒庄追溯20世纪90年代干红葡萄酒

6支，750mL/支
法国波尔多玛歌法定产区，1855年梅多克列级三级酒庄
中国嘉德 2023-11-29 Lot 3361
估价：无底价
成交价：12 650元

达马邑堡大瓶装（6000mL）2017年份

2支，6000mL/支
（罗伯特·帕克团队评分：92分）
法国波尔多波亚克法定产区，1855年梅多克列级五级酒庄
适饮期：已适宜饮用，或可继续窖藏陈年至2037年
中国嘉德 2023-11-29 Lot 3380
估价：无底价
成交价：16 100元

法国波尔多-里鹏酒庄、巴顿男爵古堡、宝玛酒庄、达马邑堡、杜克宝龙古堡、克里奈教堂古堡

达马邑堡大瓶装（6000mL）2017年份

2支，6000mL/支

（罗伯特·帕克团队评分：92分）

法国波尔多波亚克法定产区，1855年梅多克列级五级酒庄

适饮期：已适宜饮用，也可继续窖藏陈年至2037年

中国嘉德 2023-06-11 Lot 3714

估价：9 000—11 000元

成交价：13 800元

达马邑堡古堡2012年份

12支，750mL/支

（罗伯特·帕克团队评分：91分）

法国波尔多波亚克法定产区，1855年梅多克列级五级酒庄

适饮期：已适宜饮用，或可继续窖藏陈年至2040年

中国嘉德 2023-11-29 Lot 3379

估价：无底价

成交价：11 500元

杜克宝龙古堡1964年份

12支，750mL/支

法国波尔多圣朱利安法定产区，1855年梅多克列级二级酒庄

适饮期：已适宜饮用

中国嘉德 2023-06-11 Lot 3698

估价：27 000—30 000元

成交价：31 050元

克里奈教堂古堡2014年份

12支，750mL/支

（罗伯特·帕克评分：95分）

法国波尔多波美侯法定产区

适饮期：已适宜饮用，或可继续窖藏陈年至2045年

中国嘉德 2023-11-29 Lot 3490

估价：16 000—21 000元

成交价：18 400元

杜克洛波尔多2019年份精选套装

9支，750mL/支

法国波尔多法定产区

1. 拉菲古堡2019年份 1支（罗伯特·帕克团队评分：100分）适饮期：2029—2065年
2. 木桐古堡2019年份 1支（罗伯特·帕克团队评分：98分以上）适饮期：2035—2065年
3. 玛歌古堡2019年份 1支（罗伯特·帕克团队评分：100分）适饮期：2029—2069年
4. 侯伯王古堡2019年份 1支（罗伯特·帕克团队评分：98分）适饮期：2033—2070年
5. 美讯古堡2019年份 1支（罗伯特·帕克团队评分：99分）适饮期：2033—2070年
6. 欧颂古堡2019年份 1支（罗伯特·帕克团队评分：98分以上）适饮期：2029—2065年
7. 白马古堡2019年份 1支（罗伯特·帕克团队评分：100分）适饮期：2027—2055年
8. 柏翠古堡2019年份 1支（罗伯特·帕克团队评分：96分）适饮期：2029—2059年
9. 滴金古堡2019年份 1支适饮期：已适宜饮用，也可继续窖藏陈年至2080年

中国嘉德 2023-06-11 Lot 3720

估价：58 000—66 000元

成交价：66 700元

拉弗尔古堡（花堡）2008年份

6支，750mL/支

（罗伯特·帕克评分：96分）

法国波尔多波美侯法定产区

适饮期：已适宜饮用，或可继续窖藏陈年至2050年

中国嘉德 2023-11-29 Lot 3491

估价：40 000 —48 000元

成交价：46 000元

朗日古堡2009年份

12支，750mL/支

（罗伯特·帕克评分：90分）

法国波尔多圣朱利安法定产区，1855年梅多克列级三级酒庄

适饮期：已适宜饮用，或可继续窖藏陈年至2042年

中国嘉德 2023-11-29 Lot 3362

估价：无底价

成交价：10 925元

朗日古堡大瓶装(6000mL) 2008年份

1支，6000mL/支

（罗伯特·帕克评分：90—92分）

法国波尔多圣朱利安法定产区，1855年梅多克列级三级酒庄

适饮期：已适宜饮用，或可继续窖藏陈年至2034年

中国嘉德 2023-11-29 Lot 3363

估价：无底价

成交价：11 500元

欧颂古堡2014年份

6支，750mL/支

（罗伯特·帕克评分：95分）

法国波尔多圣爱美浓法定产区，列级一级特等A级酒庄

法国波尔多圣爱美浓法定产区，列级一级特等A级酒庄

中国嘉德 2023-06-11 Lot 3841

估价：22 000 —28 000元

成交价：32 200元

欧颂古堡2017年份

12支，750mL/支

（罗伯特·帕克团队评分：98分）

法国波尔多圣爱美浓法定产区，列级一级特等A级酒庄

适饮期：2024—2057年

中国嘉德 2023-06-11 Lot 3840

估价：62 000 —66 000元

成交价：71 300元

拉雅古堡教皇新堡红葡萄酒2009年份

3支，750mL/支

法国罗纳谷法定产区

适饮期：已适宜饮用，也可继续窖藏陈年至2041年

中国嘉德 2023-06-11 Lot 3971

估价：62 000 —66 000元

成交价：71 300元

拉雅古堡教皇新堡红葡萄酒2006年份

6支，750mL/支

法国罗纳谷法定产区

适饮期：已适宜饮用，也可继续窖藏陈年至2028年

中国嘉德 2023-06-11 Lot 3973

估价：130 000 —140 000元

成交价：149 500元

沙龙特酿S梅尼尔白中白香槟2007年份

3支，750mL/支

（罗伯特·帕克评分：96分）

法国香槟法定产区

适饮期：已适宜饮用，或可继续窖藏陈年至2037年

中国嘉德 2023-11-29 Lot 3613

估价：32 000 —35 000元

成交价：36 800元

吉佳乐世家（E. Guigal）2019年份套装

6支，750mL/支
法国罗纳河谷法定产区
1. 吉佳乐世家穆林金色山丘干红（La Mouline）2019年份 2支（罗伯特·帕克团队评分：94—96分）
适饮期：已适宜饮用，或可继续窖藏陈年至2035年
2. 吉佳乐世家朗德葡萄园干红（La Landonne）2019年份 2支（罗伯特·帕克团队评分：98—100分）
适饮期：2025—2045年
3. 吉佳乐世家土耳基褐色山丘干红（La Turque）2019年份 2支（罗伯特·帕克团队评分：98—100分）
适饮期：2025—2045年
中国嘉德 2023-11-29 Lot 3594
估价：16 000 —22 000元
成交价：18 400元

沙龙特酿S梅尼尔白中白香槟2004年份

2支，750mL/支
（罗伯特·帕克团队评分：96分）
法国香槟法定产区
适饮期：已适宜饮用，或可继续窖藏陈年至2035年
中国嘉德 2023-11-29 Lot 3614
估价：22 000 —25 000元
成交价：25 300元

沙龙特酿S梅尼尔白中白香槟1999年份

2支，750mL/支
（罗伯特·帕克团队评分：95分）
法国香槟法定产区
适饮期：已适宜饮用
中国嘉德 2023-11-29 Lot 3615
估价：30 000—33 000元
成交价：34 500元

沙龙特酿S梅尼尔白中白香槟1997年份

3支，750mL/支
（罗伯特·帕克团队评分：95分）
法国香槟法定产区
适饮期：已适宜饮用，或可继续窖藏陈年至2033年
中国嘉德 2023-11-29 Lot 3616
估价：40 000—43 000元
成交价：46 000元

沙龙香槟2002年、2004年、2006年份套装

3支，750mL/支
法国香槟法定产区
1. 沙龙香槟2002年份 1支
2. 沙龙香槟2004年份 1支（罗伯特·帕克评分：96分）适饮期：已适宜饮用，也可继续窖藏陈年至2035年;
3. 沙龙香槟2006年份 1支（罗伯特·帕克评分：95分）适饮期：已适宜饮用，也可继续窖藏陈年至2036年
中国嘉德 2023-06-11 Lot 3967
估价：45 000—47 000元
成交价：51 750元

沙龙香槟梦幻套装2004年、2006年、2007年、2008年份

6支，750mL/支、1支，1500mL/支
法国香槟法定产区
1. 沙龙香槟梦幻大瓶装（1500mL）2008年份 1支（罗伯特·帕克评分：100分）
2. 沙龙香槟梦幻2004年份 2支（罗伯特·帕克评分：96分）
3. 沙龙香槟梦幻2006年份 2支（罗伯特·帕克评分：95分）
4. 沙龙香槟梦幻2007年份 2支（罗伯特·帕克评分：96分）
中国嘉德 2023-11-29 Lot 3617
估价：100 000—120 000元
成交价：115 000元

库克香槟（Champagne Krug）1996年份

3支，750mL/支

（罗伯特·帕克评分：97分）

法国香槟法定产区

适饮期：已适宜饮用，也可继续窖藏陈年至2032年

中国嘉德 2023-06-11 Lot 3961

估价：35 000—37 000元

成交价：40 250元

库克香槟大瓶装（1500mL）1995年份

1支，1500mL/支

法国香槟法定产区

中国嘉德 2023-06-11 Lot 3962

估价：28 000—29 000元

成交价：32 200元

库克香槟大瓶装（1500mL）1996年份

1支，1500mL/支

（罗伯特·帕克评分：97分）

法国香槟法定产区

适饮期：已适宜饮用，也可继续窖藏陈年至2032年

中国嘉德 2023-06-11 Lot 3963

估价：30 000—32 000元

成交价：34 500元

赛奎农酒庄（Sine Qua Non）暗夜一枪西拉干红葡萄酒2006年份

3支，750mL/支

（罗伯特·帕克团队评分：100分）

美国加州法定产区

适饮期：已适宜饮用，也可继续窖藏陈年至2025年

中国嘉德 2023-06-11 Lot 3991

估价：29 000—31 000元

成交价：34 500元

赛奎农酒庄神中神歌海娜干红葡萄酒2014年份

6支，750mL/支

（罗伯特·帕克团队评分：98分）

美国加州法定产区

适饮期：已适宜饮用，也可继续窖藏陈年至2035年

中国嘉德 2023-06-11 Lot 3993

估价：31 000—33 000元

成交价：35 650元

赛奎农酒庄擦色西拉干红葡萄酒2011年份

5支，750mL/支

（罗伯特·帕克团队评分：98分）

美国加州法定产区

适饮期：已适宜饮用，也可继续窖藏陈年至2035年

中国嘉德 2023-06-11 Lot 3994

估价：24 000—26 000元

成交价：33 350元

赛奎农酒庄干红葡萄酒2016年份

6支，750mL/支

（罗伯特·帕克团队评分：99分）

美国加州法定产区

适饮期：已适宜饮用，或可继续窖藏陈年至2045年

中国嘉德 2023-11-29 Lot 3645

估价：30 000—33 000元

成交价：34 500元

赛奎农酒庄神中神歌海娜干红葡萄酒2014年份

2支，750mL/支

（罗伯特·帕克团队评分：98分）

美国加州法定产区

适饮期：已适宜饮用，或可继续窖藏陈年至2035年

中国嘉德 2023-11-29 Lot 3646

估价：10 000—13 000元

成交价：11 500元

赛奎农酒庄擦色西拉干红葡萄酒2011年份

3支，750mL/支
（罗伯特·帕克团队评分：98分）
美国加州法定产区
适饮期：已适宜饮用，或可继续窖藏陈年至2035年
中国嘉德 2023-11-29 Lot 3648
估价：14 000—16 000元
成交价：16 100元

嘉雅（Gaja）芭芭罗斯红葡萄酒1996年份

6支，750mL/支
意大利皮尔蒙特产区
适饮期：已适宜饮用
中国嘉德 2023-06-11 Lot 3985
估价：20 000—22 000元
成交价：23 000元

嘉雅思波斯果园尼比奥朗格山干红葡萄酒1996年份

6支，750mL/支
意大利皮尔蒙特产区
中国嘉德 2023-11-29 Lot 3626
估价：22 000—28 000元
成交价：25 300元

嘉雅思波斯果园尼比奥朗格山巴罗洛干红葡萄酒1997年份

6支，750mL/支
意大利托斯卡纳产区
适饮期：已适宜饮用，也可继续窖藏陈年至2040年
中国嘉德 2023-06-11 Lot 3986
估价：28 000—30 000元
成交价：32 200元

马赛多酒庄（Masseto）干红葡萄酒1999年份

2支，750mL/支
（罗伯特・帕克评分：96分）
意大利托斯卡纳产区
适饮期：已适宜饮用
中国嘉德 2023-11-29 Lot 3620
估价：16 000—18 000元
成交价：18 400元

活灵魂酒庄（Almaviva Winery）红葡萄酒2020年份

36支，750mL/支
智利美宝谷法定产区
适饮期：2024—2036年
中国嘉德 2023-06-11 Lot 4009
估价：47 000—49 000元
成交价：54 050元

活灵魂大瓶装（6000mL）红葡萄酒2015年份

1支，6000mL/支
智利美宝谷法定产区
中国嘉德 2023-06-11 Lot 4010
估价：12 000—13 000元
成交价：13 800元

作品一号（Opus One Winery）红葡萄酒2019年份

24支，750mL/支
美国加州纳帕谷产区
中国嘉德 2023-06-11 Lot 3996
估价：62 000—68 000元
成交价：71 300元

敖云红葡萄酒2017年份

24支，750mL/支

（罗伯特·帕克团队评分：95分）

中国香格里拉产区

中国嘉德 2023-06-11 Lot 4015

估价：无底价

成交价：66 700元

作品一号红葡萄酒2013年份

12支，750mL/支

（罗伯特·帕克评分：98分）

美国加州纳帕谷产区

中国嘉德 2023-11-29 Lot 3631

估价：40 000 —48 000元

成交价：46 000元

HE
AMAZAKI
INGLE MALT
APANESE WHISKY
山崎
AGED 55 YEARS

威士忌

THE YAMAZAKI
SINGLE MALT
JAPANESE WHISKY
山崎
AGED 55 YEARS
70 cl alc. 46% vol.

麦卡伦10年FINE OAK威士忌

12支，750mL/支 40%vol
桶型：波本桶、雪莉桶
中国嘉德 2023-06-14 Lot 3647
估价：18 000—30 000元
成交价：23 000元

麦卡伦007系列第二版高地单一麦芽威士忌

3支，700mL/支 43.7%vol
中国嘉德 2023-11-30 Lot 3979
估价：18 000—25 000元
成交价：20 700元

麦卡伦007系列第一版高地单一麦芽威士忌

2支，700mL/支 43.7%vol
中国嘉德 2023-06-14 Lot 3614
估价：10 000—30 000元
成交价：13 800元

麦卡伦10年FINE OAK威士忌

2支，700mL/支 40%vol
桶型：波本桶、雪莉桶
中国嘉德 2023-11-30 Lot 4105
估价：1 000—3 000元
成交价：3 450元

麦卡伦2018年产狗年限定12年单一麦芽威士忌

16支，700mL/支　40%vol
陈年：12年　桶型：雪莉桶
中国嘉德　2023-11-30　Lot 3977
估价：16 000 —25 000元
成交价：28 750元

麦卡伦12年高地单一麦芽威士忌

2支，750mL/支　43%vol
陈年：12年
中国嘉德　2023-11-30　Lot 3980
估价：20 000 —30 000元
成交价：23 000元

麦卡伦17年高地单一麦芽威士忌

2支，700mL/支　43%vol
陈年：17年
中国嘉德　2023-06-14　Lot 3480
估价：1 000 —2 000元
成交价：10 350元

麦卡伦1824大师系列深棕单一麦芽威士忌

1支，700mL/支　46.5%vol
中国嘉德　2023-11-30　Lot 3976
估价：10 000 —18 000元
成交价：17 250元

麦卡伦18年高地单一麦芽威士忌

6支，700mL/支　43%vol

陈年：18年　桶型：雪莉桶

中国嘉德 2023-11-30 Lot 3995

估价：1 000—2 000元

成交价：28 750元

麦卡伦18年高地苏格兰单一麦芽威士忌

6支，700mL/支　43%vol

陈年：18年　桶型：雪莉桶

中国嘉德 2023-06-14 Lot 3481

估价：1 000—2 000元

成交价：28 750元

麦卡伦18年雪莉单桶威士忌

2支，700mL/支　43%vol

陈年：18年　桶型：雪莉桶

中国嘉德 2023-11-30 Lot 4130

估价：1 000—5 000元

成交价：8 050元

麦卡伦1989年产MALT MAN典藏雪莉单桶威士忌

1支，700mL/支

中国嘉德 2023-11-30 Lot 4103

估价：10 000—20 000元

成交价：13 800元

麦卡伦25年高地单一麦芽威士忌

3支，700mL/支　43%vol

陈年：25年　桶型：雪莉桶

中国嘉德　2023-11-30　Lot 3992

估价：60 000—70 000元

成交价：69 000元

麦卡伦20世纪90年代产田园版威士忌（蒸馏大师之选）

1支，700mL/支

中国嘉德　2023-11-30　Lot 4107

估价：8 000—10 000元

成交价：9 200元

麦卡伦波普大师珍藏系列苏格兰高地单一麦芽威士忌

2支，700mL/支　47.7%vol

中国嘉德　2023-06-14　Lot 3613

估价：30 000—45 000元

成交价：34 500元

麦卡伦典雅1990年产、1991年产单一麦芽威士忌

2支，1000mL/支

入桶时间：1990年装瓶时间：2002年　40%vol　陈年：12年

中国嘉德　2023-06-14　Lot 3586

估价：30 000—40 000元

成交价：34 500元

麦卡伦格兰威特15年、33年、35年、37年高地纯麦威士忌

4支，750mL/支

1. 15年　陈年：15年　40%vol

2. 33年　装瓶时间：1940年　陈年：33年　桶型：雪莉桶　43%vol

3. 35年　装瓶时间：1940年　陈年：35年　桶型：雪莉桶　43%vol

4. 37年　装瓶时间：1940年　陈年：37年　桶型：雪莉桶　40%vol

中国嘉德 2023-11-30 Lot 3994

估价：160 000—180 000元

成交价：184 000元

麦卡伦黄金三桶25年高地单一麦芽威士忌

1支，700mL/支　43%vol

陈年：25年

中国嘉德　2023-06-14　Lot 3611

估价：17 000—25 000元

成交价：19 550元

麦卡伦老版12年高地单一麦芽威士忌

2支，1000mL/支　43%vol

桶型：雪莉桶

中国嘉德　2023-06-14　Lot 3588

估价：18 000—30 000元

成交价：20 700元

麦卡伦旅行组单一麦芽威士忌

4支，500mL/支　40%vol

中国嘉德　2023-06-14　Lot 3612

估价：45 000—55 000元

成交价：51 750元

麦卡伦年度限量EDITION系列威士忌（NO. 1—NO. 6）

6支，700mL/支

1. NO.1首创以八种风格各异的雪莉桶调配，强调麦卡伦六支柱中的木桶管理
2. NO.2由酿酒大师与知名餐厅El Celler de Can Roca罗卡三兄弟名厨合作
3. NO.3将威士忌与香氛两种艺术进行结合，这次的香氛大师是Roja Dove
4. NO.4以麦卡伦新酒厂的建筑结构为灵感，与四大西班牙制桶厂选出5种雪莉桶类型
5. NO.5以色彩为灵感与世界知名的 Pantone Color Institute™ 色彩大师合作，上市前更以神秘猜色引起热度
6. NO.6以传奇斯佩河为灵感，汇集麦卡伦的钓鱼向导两个世纪飞蝇钓具品牌Hardy、保育鲑鱼超过半世纪的大西洋鲑鱼信托基金（Atlantic Salmon Trust）联合打造

中国嘉德 2023-06-14 Lot 3608

估价：50 000 —60 000元

成交价：57 500元

麦卡伦奢享湛黑威士忌

1支，700mL/支

中国嘉德 2023-11-30 Lot 4100

估价：1 000—5 000元

成交价：5 750元

麦卡伦私人酒窖1986年产苏格兰单一麦芽威士忌

1支，700mL/支 43%vol

入桶时间：1986年

中国嘉德 2023-11-30 Lot 3996

估价：1 000—2 000元

成交价：13 800元

麦卡伦雪莉桶25年高地单一麦芽威士忌

6支，700mL/支 43%vol

陈年：25年 桶型：雪莉桶

中国嘉德 2023-06-14 Lot 3615

估价：120 000—150 000元

成交价：138 000元

麦卡伦推桶匠7年高地单一麦芽威士忌

1支，1000mL/支、2支，700mL/支　40%vol

中国嘉德　2023-06-14　Lot 3587

估价：20 000—30 000元

成交价：23 000元

麦卡伦湛蓝威士忌

1支，700mL/支　44.9%vol

中国嘉德　2023-11-30　Lot 4101

估价：1 000—5 000元

成交价：4 600元

麦卡伦臻味不凡系列威士忌

2支，700mL/支

中国嘉德　2023-11-30　Lot 4106

估价：1 000—3 000元

成交价：6 900元

麦卡伦臻彩年份系列12年、15年、18年、21年威士忌

4支，700mL/支

中国嘉德　2023-11-30　Lot 4104

估价：15 000—30 000元

成交价：28 750元

麦卡伦周年纪念版1957年产25年高地单一麦芽威士忌

1支，750mL/支　43%vol

入桶时间：1957年　装瓶时间：1983年

陈年：25年　桶型：雪莉桶

中国嘉德 2023-11-30 Lot 3986

估价：50 000—70 000元

成交价：57 500元

麦卡伦周年纪念版1974年产25年高地单一麦芽威士忌

1支，750mL/支　43%vol

入桶时间：1974年　装瓶时间：1999年

陈年：25年　桶型：雪莉桶

中国嘉德 2023-11-30 Lot 3983

估价：30 000—40 000元

成交价：34 500元

麦卡伦庄园PROOF 10年高地单一麦芽威士忌

1支，750mL/支　57%vol

陈年：10年　桶型：雪莉桶

中国嘉德 2023-06-14 Lot 3589

估价：25 000—35 000元

成交价：28 750元

麦卡伦紫钻1979年产18年高地单一麦芽威士忌

1支，700mL/支　40%vol

入桶时间：1979年　装瓶时间：1997年

陈年：18年　桶型：雪莉桶

中国嘉德 2023-06-14 Lot 3595

估价：35 000—45 000元

成交价：43 700元

麦卡伦紫钻1980年产18年高地单一麦芽威士忌

1支，700mL/支　40%vol

入桶时间：1980年　装瓶时间：1999年

陈年：18年　桶型：雪莉桶

中国嘉德　2023-06-14　Lot 3594

估价：35 000—45 000元

成交价：40 250元

波摩12年、15年、18年威士忌

72支，700mL/支　40%vol、43%vol、43%vol

中国嘉德　2023-06-14　Lot 3658

估价：55 000—80 000元

成交价：63 250元

波摩2004年产赛马锦标赛纪念版单一麦芽威士忌

1支，700mL/支　40%vol

入桶时间：2004年

中国嘉德　2023-11-30　Lot 3943

估价：1 000—2 000元

成交价：5 750元

波摩12年、15年威士忌

12支，700mL/支　40%vol、43%vol

中国嘉德　2023-11-30　Lot 4109

估价：1 000—20 000元

成交价：13 800元

波摩第一版1964年产29年艾雷岛单一麦芽威士忌

1支，700mL/支　50%vol

入桶时间：1964年　装瓶时间：1993年　陈年：29年　桶型：雪莉桶　瓶编号：658

中国嘉德 2023-11-30 Lot 3975

估价：155 000 —200 000元

成交价：178 250元

波摩40年雪莉桶
“龙”守护者系列

1支，700mL/支
中国嘉德 2023-11-30 Lot 4108
估价：28 000 —30 000元
成交价：32 200元

波摩艾雷岛紫罗兰33年苏格兰单一麦芽威士忌

1支，700mL/支　46.2%vol
陈年：33年
中国嘉德 2023-11-30 Lot 3942
估价：1 000 —2 000元
成交价：8 050元

波摩海鸥标12年艾雷岛单一麦芽威士忌

2支，1000mL/支　43%vol
陈年：12年
中国嘉德 2023-11-30 Lot 3968
估价：6 000 —10 000元
成交价：8 050元

波摩海鸥标1984年产艾雷岛单一麦芽威士忌

1支，700mL/支　58.8%vol
入桶时间：1984年
中国嘉德 2023-11-30 Lot 3967
估价：10 000 —18 000元
成交价：11 500元

格兰多纳15年威士忌

1支，700mL/支
中国嘉德 2023-11-30 Lot 4116
估价：1 000 —5 000元
成交价：3 450元

欧摩1982年产40年桶强苏格兰单一麦芽威士忌（人生四十）

1支，700mL/支　52.4%vol
入桶时间：1982年　装瓶时间：2022年11月18日　陈年：40年　桶型：雪莉桶
桶编号：2230　装瓶数：094/119
中国嘉德 2023-06-14 Lot 3620
估价：40 000 —50 000元
成交价：69 000元

格兰帝46年威士忌

1支，700mL/支　41.7%vol

桶型：Refill波本桶、First Fill波本桶、Oloroso雪莉Butt桶　装瓶数：150瓶

中国嘉德 2023-06-14 Lot 3634

估价：90 000 —150 000元

成交价：103 500元

欧摩2012年产威士忌（整桶）

63.4%vol

蒸馏时间2012年　桶型：波本桶　桶编号：800975

预计装瓶数：275瓶

中国嘉德 2023-11-30 Lot 4090

估价：10 000—20 000元

成交价：195 500元

THE
MR.ALBA

Aultmore

CASK/IBC/VAT NUMBER	
Sample	Duty Paid
Sample no.	HN-A01001
Sample Size	
Warehouse	
Distill Date	29/05/2012
Regauge Date	
Sample Date	12/2022
Cask	Barrel
Cask Type	
Cask no.	#800975

ABV	OLA/RLA	BULK/L
63.4%	122	

格兰多纳1993年产23年高地单一麦芽威士忌

1支，700mL/支　59.8%vol
入桶时间：1993年　装瓶时间：2016年11月　陈年：23年　桶型：欧罗索雪莉桶　桶编号：580　装瓶数：547/604
中国嘉德　2023-11-30　Lot 3950
估价：1 000—2 000元
成交价：3 450元

格兰多纳1991年产27年高地单一麦芽威士忌

6支，700mL/支　51.4%vol
入桶时间：1991年5月6日　装瓶时间：2018年　陈年：27年
桶型：雪莉桶　桶编号：8025　装瓶数：737
中国嘉德　2023-06-14　Lot 3562
估价：32 000—50 000元
成交价：36 800元

格兰多纳26年苏格兰单一麦芽威士忌

6支，700mL/支
1. 1992年　入桶时间：1992年11月27日
装瓶时间：2019年　陈年：26年　桶型：雪莉桶
桶编号：5863　装瓶数：718　48.5%vol
2. 1993年　入桶时间：1993年6月11日
装瓶时间：2020年　陈年：26年　桶型：雪莉桶
桶编号：6747　装瓶数：507/666　53.8%vol
3. 1993年　入桶时间：1993年6月11日
装瓶时间：2020年　陈年：26年　桶型：雪莉桶
桶编号：6732　装瓶数：701　50.9%vol
4. 1993年　入桶时间：1993年5月21日
装瓶时间：2020年　陈年：26年　桶型：邦穹桶
桶编号：5963　装瓶数：448/674　55%vol
5. 1993年　入桶时间：1993年5月21日
装瓶时间：2019年　陈年：26年　桶型：雪莉桶
桶编号：5955　装瓶数：373/680　55.3%vol

6. 1993年　入桶时间：1993年6月11日　装瓶时间：2020年　陈年：26年　桶型：雪莉桶　桶编号：6747　装瓶数：412/666　53.8%vol
中国嘉德　2023-06-14　Lot 3561
估价：32 000—50 000元
成交价：46 000元

格兰多纳原桶桶强系列第2—第7版高地单一麦芽威士忌

6支，700mL/支　55.2%vol、54.9%vol、54.7%vol、55.3%vol、56.1%vol、57.9%vol
桶型：奥罗索和佩德罗-希梅内斯雪莉桶
中国嘉德　2023-11-30　Lot 4012
估价：10 000 —20 000元
成交价：13 800元

格兰菲迪21年威士忌（哈瓦那版）

1支，700mL/支
中国嘉德　2023-11-30　Lot 4115
估价：1 000 —5 000元
成交价：3 450元

格兰菲迪银鹿头水晶瓶25年苏格兰单一麦芽威士忌

1支，750mL/支　43%vol
陈年：25年
中国嘉德　2023-06-14　Lot 3569
估价：25 000 —35 000元
成交价：28 750元

格兰哥尼30年高地单一麦芽苏格兰威士忌

1支，700mL/支　46.8%vol
装瓶时间：2020年　陈年：30年
装瓶数：5200
中国嘉德　2023-11-30　Lot 3951
估价：1 000 —2 000元
成交价：11 500元

格兰花格1988年产32年苏格兰高地单一麦芽威士忌

1支，700mL/支　46%vol

入桶时间：1988年　装瓶时间：2020年　陈年：32年

中国嘉德 2023-06-14 Lot 3483

估价：1 000 —2 000元

成交价：10 350元

格兰花格30年单一麦芽苏格兰威士忌

3支，700mL/支　43%vol

中国嘉德 2023-11-30 Lot 3956

估价：1 000 —2 000元

成交价：20 700元

格兰花格1993年产高地单一麦芽威士忌

1支，700mL/支　56.2%vol

入桶时间：1993年　装瓶时间：2018年7月4日

桶编号：80　装瓶数：122/601

中国嘉德 2023-06-14 Lot 3482

估价：1 000 —2 000元

成交价：10 350元

格兰花格岛地胜彦联名28年高地点一麦芽威士忌（带签名）

1支，700mL/支　51.4%vol

入桶时间：1989年12月21日　装瓶时间：2018年12月6日

陈年：28年　桶编号：13010　装瓶号：158

中国嘉德 2023-06-14 Lot 3567

估价：12 000 —20 000元

成交价：13 800元

格兰花格家族桶1960年产高地单一麦芽威士忌

1支，700mL/支　42.3%vol

入桶时间：1960年　装瓶时间：2013年7月1日

桶编号：1770　装瓶数：166

中国嘉德　2023-11-30　Lot 4019

估价：55 000—65 000元

成交价：63 250元

格兰莫雷1965年产高地单一麦芽威士忌

1支，750mL/支　43%vol

入桶时间：1965年　陈年：25年　装瓶数：4244/6129

中国嘉德　2023-06-14　Lot 3485

估价：1 000—2 000元

成交价：8 050元

格兰威特狮子标1937年产苏格兰威士忌

2支，750mL/支　57.8%vol

入桶时间：1937年

中国嘉德　2023-11-30　Lot 4026

估价：53 000—60 000元

成交价：60 950元

格兰威特狮子标1939年产50年苏格兰威士忌

2支，750mL/支　40%vol

入桶时间：1939年　陈年：50年

中国嘉德　2023-11-30　Lot 4025

估价：53 000—60 000元

成交价：60 950元

格兰威特狮子标1974年产苏格兰单一麦芽威士忌

1支，700mL/支　43%vol

入桶时间：1974年

中国嘉德　2023-11-30　Lot 4021

估价：10 000 —20 000元

成交价：13 800元

高登&麦克菲尔：麦克达夫1980年产高地单一麦芽威士忌

1支，700mL/支　40%vol

入桶时间：1980年

中国嘉德　2023-11-30　Lot 3957

估价：1 000 —2 000元

成交价：8 050元

高登&麦克菲尔精选：鉴赏家之选巴布莱尔1964年产高地纯麦威士忌

1支，750mL/支　40%vol

入桶时间：1964年　陈年：18年

中国嘉德　2023-06-14　Lot 3555

估价：10 000 —20 000元

成交价：11 500元

高登&麦克菲尔装瓶：艾尔郡1970年产低地单一麦芽威士忌

1支，700mL/支　40%vol

入桶时间：1970年　装瓶时间：2000年

中国嘉德　2023-11-30　Lot 3962

估价：1 000 —2 000元

成交价：6 900元

高登&麦克菲尔装瓶：艾尔郡1970年产低地单一麦芽威士忌

1支，700mL/支　40%vol

入桶时间：1970年　装瓶时间：2000年

中国嘉德　2023-06-14　Lot 3487

估价：1 000—2 000元

成交价：13 800元

高登&麦克菲尔装瓶：格兰冠10年苏格兰纯麦威士忌

1支，700mL/支　40%vol

陈年：10年

中国嘉德　2023-11-30　Lot 3955

估价：1 000—2 000元

成交价：3 450元

高登&麦克菲尔装瓶：格兰冠1965年产斯佩塞单一麦芽威士忌

1支，700mL/支　40%vol

入桶时间：1965年　装瓶时间：2013年

中国嘉德　2023-11-30　Lot 3952

估价：1 000—2 000元

成交价：9 200元

高登&麦克菲尔装瓶：格兰冠1966年产43年斯佩塞单一麦芽威士忌

1支，700mL/支　52.1%vol

入桶时间：1966年　装瓶时间：2010年3月2日　陈年：43年

桶型：猪头桶　桶编号：2928　装瓶数：106/130

中国嘉德　2023-06-14　Lot 3557

估价：30 000—50 000元

成交价：34 500元

高登&麦克菲尔装瓶：格兰冠21年高地单一麦芽威士忌

1支，750mL/支　40%vol
陈年：21年
中国嘉德　2023-11-30　Lot 3954
估价：1 000—2 000元
成交价：3 450元

高登&麦克菲尔装瓶：格兰冠25年高地单一麦芽威士忌

1支，750mL/支　40%vol
陈年：25年
中国嘉德　2023-11-30　Lot 3953
估价：1 000—2 000元
成交价：4 600元

高登&麦克菲尔装瓶：格兰纳里奇2005年产16年斯佩塞单一麦芽威士忌

1支，700mL/支　59.8%vol
入桶时间：2005年　装瓶时间：2021年9月14日　陈年：16年
桶型：猪头桶　桶编号：15601603　装瓶数：302
中国嘉德　2023-11-30　Lot 3958
估价：1 000—2 000元
成交价：3 450元

高登&麦克菲尔装瓶：鉴赏家之选北港1974年产高地单一麦芽威士忌

1支，700mL/支　40%vol
入桶时间：1974年　装瓶时间：1993年
中国嘉德　2023-11-30　Lot 3960
估价：1 000—2 000元
成交价：5 750元

高登&麦克菲尔装瓶：鉴赏家之选第林可1975年产单一麦芽威士忌

1支，750mL/支　40%vol
入桶时间：1975年
中国嘉德　2023-11-30　Lot 3959
估价：1 000—2 000元
成交价：5 750元

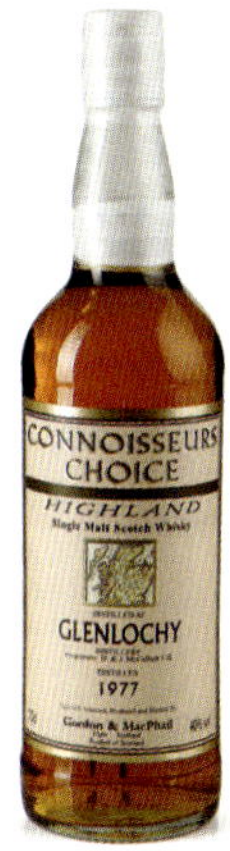

高登&麦克菲尔装瓶：鉴赏家之选格兰洛奇1977年产高地单一麦芽威士忌

1支，700mL/支　40%vol
入桶时间：1977年
中国嘉德　2023-11-30　Lot 3961
估价：1 000—2 000元
成交价：5 750元

高登&麦克菲尔装瓶：克里尼利基2005年产14年斯佩塞单一麦芽威士忌

1支，700mL/支　55.6%vol
入桶时间：2005年　装瓶时间：2019年4月1日　陈年：14年
桶型：雪莉桶　装瓶数：345
中国嘉德　2023-11-30　Lot 3965
估价：1 000—2 000元
成交价：3 450元

高登&麦克菲尔装瓶：林可伍德1991年产29年斯佩塞单一麦芽威士忌

1支，700mL/支　57%vol
入桶时间：1991年　装瓶时间：2021年3月24日　陈年：29年
桶型：雪莉桶　桶编号：10372　装瓶数：70
中国嘉德　2023-11-30　Lot 3963
估价：1 000—2 000元
成交价：5 750元

高登&麦克菲尔装瓶：林可伍德25年斯佩塞单一麦芽威士忌

1支，700mL/支　43%vol

陈年：25年

中国嘉德　2023-11-30　Lot 3964

估价：1 000 —2 000元

成交价：4 600元

高登&麦克菲尔装瓶：麦克菲尔30年单一麦芽威士忌（签名版）

1支，700mL/支　40%vol

陈年：30年

中国嘉德　2023-11-30　Lot 3966

估价：1 000 —2 000元

成交价：8 050元

高登&麦克菲尔装瓶：麦克菲尔珍稀30年苏格兰单一麦芽威士忌

1支，700mL/支　40%vol

陈年：30年

中国嘉德　2023-06-14　Lot 3488

估价：1 000 —2 000元

成交价：13 800元

高登&麦克菲尔装瓶：慕赫1954年产高地单一麦芽威士忌

1支，700mL/支　43%vol

入桶时间：1954年1月27日　装瓶时间：2019年3月27日

桶型：邦穹桶　桶编号：491　装瓶数：286

中国嘉德　2023-11-30　Lot 4050

估价：80 000 —100 000元

成交价：92 000元

高登&麦克菲尔装瓶：欧摩1989年产斯佩塞单一麦芽威士忌

1支，700mL/支　40%vol

入桶时间：1989年　装瓶时间：2001年

中国嘉德　2023-06-14　Lot 3486

估价：1 000—2 000元

成交价：6 900元

朗伯德装瓶：珍宝系列亚伯乐1970年产25年苏格兰单一麦芽威士忌

1支，700mL/支　46%vol

入桶时间：1970年　陈年：25年

中国嘉德　2023-11-30　Lot 4004

估价：1 000—2 000元

成交价：5 750元

苏格兰麦芽威士忌协会SMWS中国分会五周年特别限定威士忌

5支，700mL/支

1. SMWS 66.201 雪茄般的幸福（Happiness is…），酒龄23年，再注马德拉桶

2. SMWS 19.55 舒适惬意（Comfortable, homey and relaxing），酒龄18年，再注波本桶

3. SMWS 9.223一勺美味（Stand your spoon in this），酒龄14年，再注STR雪莉风味桶

4. SMWS 42.67 停不下来的托伯（Tober-more-ish），酒龄14年，再注波本桶

5. SMWS 10.227 糖蜜与培根（Treacle soaked, triple smoked pancetta），酒龄7年，二注PX雪莉桶

中国嘉德　2023-11-30　Lot 4094

估价：10 000—20 000元

成交价：11 500元

老酋长装瓶：慕赫1997年产斯佩塞单一麦芽威士忌

6支，700mL/支　57.1%vol

入桶时间：1997年4月　装瓶时间：2015年11月　桶型：雪莉桶

桶编号：5244　装瓶数：641

中国嘉德　2023-11-30　Lot 4069

估价：20 000—30 000元

成交价：23 000元

苏格兰麦芽威士忌协会SMWS装瓶：克里尼利基单桶麦芽威士忌

3支，700mL/支

1. SMWS 26.201 巧克力百香果　陈年：9年　桶型：首注波本桶　酒精度：61.9%vol
2. SMWS 26.193 丝质，牛乳与果味　陈年：10年　桶型：首注波本桶　酒精度：59.6%vol
3. SMWS 26.160 水果市场与糖果商店　陈年：9年　桶型：二注波本桶　酒精度：56.7%vol

中国嘉德　2023-11-30　Lot 4096

估价：1 000—5 000元

成交价：3 450元

苏格兰IB单一麦芽威士忌

7支，700mL/支

1. TWA装瓶：格兰花格1991年，26年斯佩塞单一麦芽威士忌　入桶时间：1991年　装瓶时间：2017年　陈年：26年　桶型：雪莉桶　装瓶号：108/179　容量：700mL　52.2%vol

2. THE WHISKYFIND装瓶：乐加维林“猴赛雷”2009年，7年艾雷岛单一麦芽威士忌　入桶时间：2009年　陈年：7年　桶型：猪头桶　桶编号：308601　装瓶数：312　容量：700mL　56.5%vol

3. CWS装瓶：欧肯特轩1990年，27年苏格兰单一麦芽威士忌　入桶时间：1990年　装瓶时间：2017年　陈年：27年　桶型：欧罗索雪莉桶　装瓶号：429/512　容量：700mL　53.1%vol

4. ZHOU乐加维林“白虎”2009年，7年桶强艾雷岛单一麦芽威士忌　入桶时间：2009年　装瓶时间：2016年　陈年：7年　装瓶数：131　容量：700mL　59.8%vol

5. WHISKY+艾雷岛2004年，13年单一麦芽威士忌　入桶时间：2004年　装瓶时间：2018年　陈年：13年　桶型：雪莉桶　桶编号：1543　装瓶数：120　容量：700mL　66%vol

6. BERRYS装瓶：欧肯特轩2014年，13年苏格兰单一麦芽威士忌 入桶时间：2014年　陈年：13年　桶型：西班牙雪莉桶　桶编号：1756　容量：700mL　51.7%vol

7. 高登&麦克菲尔装瓶：卡尔里拉“宏福洋行”2005年苏格兰单一麦芽威士忌　入桶时间：2005年　装瓶时间：2017年　桶编号：301495　容量：700mL　56%vol

中国嘉德　2023-11-30　Lot 4000

估价：1 000—2 000元

成交价：13 800元

苏格兰老酋长装瓶：克里尼利基1989年产13年苏格兰高地单一麦芽威士忌

1支，700mL/支　46%vol
入桶时间：1989年5月　装瓶时间：2002年6月　陈年：13年
桶型：雪莉桶　桶编号：3286　装瓶数：858
中国嘉德 2023-11-30 Lot 4005
估价：1 000—2 000元
成交价：4 600元

苏格兰麦芽威士忌协会装瓶：拉弗格1990年产23年苏格兰单一麦芽威士忌

1支，700mL/支　49.9%vol
入桶时间：1990年10月12日　陈年：23年
桶型：猪头桶　装瓶数：278
中国嘉德 2023-11-30 Lot 4042
估价：1 000—2 000元
成交价：5 750元

苏格兰麦芽威士忌协会装瓶：稀有限量调和威士忌

3支，700mL/支　50%vol
中国嘉德 2023-11-30 Lot 4041
估价：1 000—2 000元
成交价：8 050元

TBY装瓶：漫画标单一麦芽苏格兰威士忌

7支，500mL/支

1. THAT BOUTIQUE-Y 10年艾雷岛1号单一麦芽威士忌　陈年：10年　装瓶数：453/2102　47.9%vol
2. THAT BOUTIQUE-Y 11年艾雷岛4号单一麦芽威士忌　陈年：11年　装瓶数：690/1568　48.8%vol
3. THAT BOUTIQUE-Y 13年艾雷岛3号单一麦芽威士忌　陈年：13年　装瓶数：778/1479　48.6%vol
4. 大云20年单一麦芽苏格兰威士忌　陈年：20年　装瓶数：394/442　50.4%vol
5. 格兰道奇21单一麦芽苏格兰威士忌　陈年：21年　装瓶数：419/803　47.1%vol
6. SECRET 30年单一麦芽苏格兰威士忌　陈年：30年　装瓶数：37/178　47.5%vol
7. 汤马丁36年单一麦芽苏格兰威士忌　陈年：36年　装瓶数：18/878　46.8%vol

中国嘉德　2023-06-14　Lot 3627

估价：25 000—35 000元

成交价：34 500元

圣弗力装瓶：格兰路思1996年产25年斯佩塞单一麦芽威士忌

2支，700mL/支　50.9%vol

入桶时间：1996年3月7日

装瓶时间：2021年9月2日

陈年：25年　桶型：猪头桶

桶编号：3147　3153

装瓶数：264/456　238/456

中国嘉德　2023-11-30　Lot 4009

估价：1 000—2 000元

成交价：5 750元

凯尔特人队2001年苏格兰杯夺冠纪念1969年产32年苏格兰单一麦芽威士忌

1支，700mL/支　40%vol
入桶时间：1969年　装瓶时间：2001年　装瓶数：330
中国嘉德　2023-11-30　Lot 4034
估价：1 000—2 000元
成交价：8 050元

圣弗力装瓶：林可伍德2009年产13年斯佩塞单一麦芽威士忌

1支，700mL/支　54.6%vol
入桶时间：2009年4月17日　装瓶时间：2022年7月15日
陈年：13年　桶型：波本桶　桶编号：33960
装瓶数：144/249
中国嘉德　2023-11-30　Lot 4008
估价：1 000—2 000元
成交价：2 300元

贝瑞兄弟装瓶：格兰路思25年限量版斯佩塞单一麦芽威士忌

1支，700mL/支　43%vol
陈年：25年
中国嘉德　2023-11-30　Lot 4001
估价：1 000—2 000元
成交价：6 900元

首席装瓶：大云1997年产17年桶强单一麦芽威士忌

12支，700mL/支　58.3%vol
入桶时间：1997年　装瓶时间：2014年　陈年：17年
桶型：猪头桶　装瓶数：184/268
中国嘉德　2023-11-30　Lot 4010
估价：1 000—2 000元
成交价：13 800元

帝亚吉欧：格兰昆奇星标1991年产
29年苏格兰单一麦芽威士忌

3支，700mL/支　56.8%vol
入桶时间：1991年12月16日　装瓶时间：2021年1月11日
陈年：29年　桶编号：4700　装瓶数：480
中国嘉德　2023-06-14　Lot 3626
估价：20 000—30 000元
成交价：23 000元

亨特·梁装瓶：老麦桶系列布纳哈本1978年产
30年苏格兰单一麦芽威士忌

1支，700mL/支　50%vol
入桶时间：1978年　装瓶时间：2009　陈年：30
装瓶数：566
中国嘉德　2023-11-30　Lot 4003
估价：1 000—2 000元
成交价：6 900元

亨特·梁装瓶：老麦桶系列格兰威特1971年产
27年苏格兰单一麦芽威士忌

1支，700mL/支　50%vol
入桶时间：1971年　陈年：27年　装瓶数：371
中国嘉德　2023-11-30　Lot 4002
估价：1 000—2 000元
成交价：6 900元

穆雷·麦克戴维装瓶：达夫镇1979年产斯佩塞单一麦芽威士忌

1支，700mL/支　46%vol
入桶时间：1979年　装瓶时间：1997年
桶型：雪莉桶　桶编号：MM1489
中国嘉德　2023-11-30　Lot 4007
估价：1 000—2 000元
成交价：4 600元

穆雷·麦克戴维装瓶：麦卡伦1991年产20年苏格兰单一麦芽威士忌

1支，700mL/支　53.6%vol
入桶时间：1991年　装瓶时间：2011年　陈年：20年
桶型：波本桶　装瓶数：865
中国嘉德　2023-11-30　Lot 4006
估价：1 000—2 000元
成交价：5 750元

任重联名格兰洛希22年单一麦芽威士忌

1支，700mL/支　53.9%vol
入桶时间：1997年11月26日　装瓶时间：2019年11月27日
桶型：猪头桶　桶编号：7108　装瓶数：222
中国嘉德　2023-11-30　Lot 4033
估价：1 000—2 000元
成交价：6 900元

任重联名格兰洛希22年单一麦芽威士忌

3支，700mL/支　53.9%vol
入桶时间：1997年11月26日　装瓶时间：2019年11月27日
桶型：猪头桶　桶编号：7108　装瓶数：222
中国嘉德　2023-06-14　Lot 3489
估价：1 000—2 000元
成交价：36 800元

醉酒艺术家-高瑀联名麦卡伦29年苏格兰单一麦芽威士忌

1支，700mL/支　47.6%vol

入桶时间：1993年　装瓶时间：2022年　陈年：29年

桶编号：5787　装瓶数：88/188

每款酒还附带1个限量款潮流艺术玩偶。玩偶的作者是高瑀，中国当代青年艺术家，“80后”新世代艺术家代表。其中还有3份艺术家亲笔签名收藏证书，以及1个NFT。

中国嘉德　2023-11-30　Lot 4080

估价：80 000—100 000元

成交价：92 000元

醉酒艺术家-高瑀联名麦卡伦29年苏格兰单一麦芽威士忌

1支，700mL/支　47.6%vol

入桶时间：1993年　装瓶时间：2022年　陈年：29年

桶编号：5787　装瓶数：66/188

中国嘉德　2023-06-14　Lot 3616

估价：50 000—70 000元

成交价：126 500元

阿贝25年艾雷岛单一麦芽威士忌

1支，700mL/支　46%vol
入桶时间：1990年　陈年：25年
中国嘉德　2023-11-30　Lot 3937
估价：1 000 —2 000元
成交价：10 350元

约翰米尔罗装瓶：格兰威特1975年产30年斯佩塞单一麦芽威士忌

1支，700mL/支　46%vol
入桶时间：1975年　装瓶时间：2006年　陈年：30年
桶型：雪莉桶
中国嘉德　2023-11-30　Lot 4011
估价：1 000 —2 000元
成交价：5 750元

阿贝200周年纪念永恒艾雷岛单一麦芽威士忌

1支，700mL/支　49.2%vol
限量12000瓶
中国嘉德　2023-11-30　Lot 3938
估价：1 000 —2 000元
成交价：3 450元

阿德摩尔酒厂100周年纪念单桶1977年产21年苏格兰单一麦芽威士忌

1支，700mL/支　43%vol
入桶时间：1977年，陈年：21年
中国嘉德　2023-11-30　Lot 3939
估价：1 000 —2 000元
成交价：6 900元

艾伦1995年产苏格兰单一麦芽威士忌
1支，700mL/支　55.6%vol
入桶时间：1995年　装瓶数：1000
中国嘉德　2023-11-30　Lot 3940
估价：1 000—2 000元
成交价：9 200元

百富21年单一麦芽威士忌
3支，700mL/支　40%vol
陈年：21年
中国嘉德　2023-11-30　Lot 3941
估价：1 000—2 000元
成交价：10 350元

本利亚克1980年产38年高地单一麦芽威士忌
2支，700mL/支　53.9%vol、53.7%vol
入桶时间：1980年　装瓶时间：2018年4月　陈年：38年
桶型：雪莉桶　桶编号：885. 886　装瓶数：503. 488
中国嘉德　2023-11-30　Lot 4031
估价：1 000—2 000元
成交价：10 350元

本尼维斯1997年产苏格兰单一麦芽威士忌
1支，700mL/支　52.3%vol
入桶时间：1997年　装瓶时间：2016年9月9日
桶型：雪莉桶　桶编号：131　装瓶数：153
中国嘉德　2023-11-30　Lot 4032
估价：1 000—2 000元
成交价：3 450元

波特艾伦甄选限量第3、第8版艾雷岛单一麦芽威士忌

2支，700mL/支
1.第3版：蒸馏时间：1978年　装瓶时间：2003年
陈年：24年 57.3%vol　桶编号：2252　限量：9000瓶
2.第8版　蒸馏时间：1978年　装瓶时间：2008年
陈年：29年 55.3%vol　桶编号：2998　限量：6618瓶
中国嘉德 2023-06-14 Lot 3576
估价：25 000 —40 000元
成交价：28 750元

波特艾伦甄选限量第一版艾雷岛单一麦芽威士忌

1支，700mL/支　56.2%vol
入桶时间：1979年　装瓶时间：2001年　陈年：22年
桶编号：4936　装瓶数：6000
中国嘉德 2023-06-14 Lot 3574
估价：25 000 —35 000元
成交价：28 750元

波夏橡木桶探索系列01版威士忌

4支，700mL/支　59.2%vol
中国嘉德 2023-11-30 Lot 4117
估价：5 000 —10 000元
成交价：5 750元

布赫拉迪1990年产27年艾雷岛单一麦芽威士忌

2支，700mL/支　49.5%vol
入桶时间：1990年　陈年：27年
中国嘉德 2023-11-30 Lot 3945
估价：1 000 —2 000元
成交价：11 500元

布赫拉迪波夏系列艾雷岛单一麦芽威士忌

3支，700mL/支　59.2%vol、56.1%vol、55.1%vol

陈年：7年、8年、9年

中国嘉德　2023-06-14　Lot 3484

估价：1 000 —2 000元

成交价：11 500元

布赫拉迪风云系列-迷之荣耀1985年产32年艾雷岛单一麦芽威士忌

1支，700mL/支　48.7%vol

入桶时间：1985年　装瓶时间：2012年　陈年：32年

桶型：波本桶　装瓶数：4200

中国嘉德　2023-11-30　Lot 3944

估价：1 000 —2 000元

成交价：6 900元

布赫拉迪星图29年苏格兰单一麦芽威士忌（限量版10.1）

1支，500mL/支

中国嘉德　2023-11-30　Lot 4129

估价：1 000 —5 000元

成交价：4 600元

布纳哈本1979年产32年艾雷岛单一麦芽威士忌

1支，700mL/支　51.8%vol

入桶时间：1979年3月2日　装瓶时间：2011年9月

陈年：32年　桶型：雪莉桶　装瓶数：179/254

中国嘉德　2023-11-30　Lot 3946

估价：1 000 —2 000元

成交价：8 050元

布纳哈本1989年产30年苏格兰单一麦芽威士忌

1支，700mL/支　40%vol

入桶时间：1989年10月23日　装瓶时间：2019年4月29日

陈年：30年　桶型：猪头桶　桶编号：5885　装瓶数：032/170

中国嘉德 2023-11-30 Lot 3947

估价：1 000—2 000元

成交价：6 900元

布纳哈本38年威士忌

1支，700mL/支

限量发行267瓶

中国嘉德 2023-11-30 Lot 4114

估价：5 000—10 000元

成交价：5 750元

大摩1980年产苏格兰单一麦芽威士忌

1支，700mL/支　45%vol

入桶时间：1980年　装瓶时间：2004年8月18日

桶编号：4115519　装瓶数：00290

中国嘉德 2023-11-30 Lot 3948

估价：1 000—2 000元

成交价：9 200元

大摩1991年产苏格兰单一麦芽威士忌

1支，700mL/支　59%vol

入桶时间：1991年　桶编号：446

中国嘉德 2023-06-14 Lot 3579

估价：15 000—25 000元

成交价：17 250元

大摩25年苏格兰单一麦芽威士忌

1支，700mL/支　42%vol

陈年：25年　桶型：美国白橡木 Fino雪莉桶、初填波本桶、茶色波特桶

中国嘉德　2023-11-30　Lot 4131

估价：1 000—5 000元

成交价：10 350元

大云1995年产26年苏格兰单一麦芽威士忌

1支，700mL/支　48.1%vol

入桶时间：1995年　装瓶时间：2021年　陈年：26年

装瓶数：230/297

中国嘉德　2023-11-30　Lot 3949

估价：1 000—2 000元

成交价：5 750元

大摩鎏金四季春夏秋冬苏格兰单一麦芽威士忌

4支，700mL/支　40%vol

入桶时间：2001年　陈年：16年　中国嘉德　2023-06-14　Lot 3578

估价：23 000—45 000元　成交价：26 450元

大云2010年产威士忌（整桶）

53.5%vol

蒸馏时间2010年　桶型：PX雪莉四分之一桶

橡木桶编号：310230A　预计装瓶数：118瓶

中国嘉德 2023-11-30 Lot 4089

估价：10 000 —20 000元

成交价：149 500元

THE MR.ALBA

Dailuaine

CASK/IBC/VAT NUMBER

Sample	Duty Paid
Sample no.	HN-A01005
Sample Size	
Warehouse	
Distill Date	2010
Regauge Date	
Sample Date	12/2022
Cask	Quarter
Cask Type	1st Fill PX
Cask no.	#310230A

ABV	OLA/RLA	BULK/L
53.5%	44.1	

DAILUAINE
DISTILLERY
Welcome to dailuaine distillery
would all drivers and
visitors please report to the
main office
Please comply with all health
and safety procedures which
may be specified
Park in designated parking
areas only
security dogs and handlers
protect these premises
All personnel and vehicles on
these premises are liable
to be searched

金车噶马兰尊典40周年纪念单一麦芽威士忌

1支，1500mL/支　56.3%vol

装瓶时间：2020年10月20日　桶型：红酒桶

桶编号：LF121122136A　装瓶数：007/086

中国嘉德　2023-11-30　Lot 4028

估价：1 000 —2 000元

成交价：8 050元

克里尼利基1992年产高地单一麦芽威士忌

1支，700mL/支　46%vol

入桶时间：1992年　装瓶时间：2007年

桶型：欧罗索雪莉桶

中国嘉德　2023-11-30　Lot 4035

估价：1 000 —2 000元

成交价：4 600元

拉弗格10年桶强艾雷岛单一麦芽威士忌（第1—第10版）

9支，700mL/支、1支，750mL/支　57.8%vol、58.3%vol、55.3%vol、58.3%vol、57.2%vol、58%vol、56.3%vol、59.2%vol、58.1%vol、58%vol

陈年：10年

中国嘉德　2023-06-14　Lot 3625

估价：50 000 —70 000元

成交价：57 500元

拉弗格12年海格洛夫查尔斯王子甄选艾雷岛单桶威士忌

1支，700mL/支　46%vol
入桶时间：2007年9月20日　装瓶时间：2020年2月
桶编号：5408　瓶编号：127
中国嘉德 2023-11-30 Lot 3998
估价：1 000—2 000元
成交价：4 600元

拉弗格25年艾雷岛单一麦芽威士忌

1支，700mL/支　48.9%vol
陈年：25年　桶型：欧罗索雪莉桶
中国嘉德 2023-11-30 Lot 3999
估价：1 000—2 000元
成交价：5 750元

拉弗格25年书册限定版艾雷岛单一麦芽威士忌

1支，700mL/支　43%vol
陈年：25年
中国嘉德 2023-11-30 Lot 3997
估价：1 000—2 000元
成交价：5 750元

拉弗格32年艾雷岛单一麦芽威士忌

1支，700mL/支　46.6%vol
装瓶时间：2015年5月　桶型：奥罗索雪莉桶
装瓶数：5880瓶
中国嘉德 2023-11-30 Lot 4112
估价：5 000—10 000元
成交价：11 500元

林可伍德1993年产24年星标苏格兰单一麦芽威士忌

1支，700mL/支　51.1%vol
入桶时间：1993年　装瓶时间：2018年　陈年：24年
桶型：猪头桶　桶编号：0001　瓶编号：48
中国嘉德 2023-11-30 Lot 4036
估价：1 000 —2 000元
成交价：6 900元

龙康得1980年产苏格兰单一纯麦威士忌

1支，700mL/支　40%vol
入桶时间：1980年
中国嘉德 2023-11-30 Lot 4037
估价：1 000 —2 000元
成交价：4 600元

罗曼湖1966年产45年高地单一麦芽威士忌

1支，700mL/支　40%vol
入桶时间：1966年　装瓶时间：2011年　陈年：45年
中国嘉德 2023-11-30 Lot 4038
估价：1 000 —2 000元
成交价：28 750元

罗曼湖2002年产18年、2001年产19年单桶苏格兰威士忌

2支，700mL/支　51.5%vol、51.1%vol
中国嘉德 2023-06-14 Lot 3637
估价：8 000 —10 000元
成交价：9 200元

罗曼湖时光循迹系列威士忌（典藏版）

中国嘉德 2023-06-14 Lot 3636

估价：250 000—300 000元

成交价：287 500元

罗曼湖龙年生肖限定威士忌

9支，700mL/支

罗曼湖龙年限定版威士忌，由罗曼湖集团首席调酒师Micheal Henry甄选2款罗曼湖限量款威士忌及7款罗曼湖单桶，以波士顿美术馆馆藏-中国南宋陈容传世之名作《九龙图》分而制其龙年限定艺术酒标，并携手中国国家级非遗铜雕传承人朱炳仁先生以《九龙图》之山海元素为灵感，倾情呈现龙年限定版艺术展陈底座。底座仅仅限量两套，分别名曰：“越九霄”和“纳沧海”。

中国嘉德 2023-11-30 Lot 4083

估价：48 000 —60 000元

成交价：57 500元

LOCH LOMOND
SINGLE MALT SCOTCH WHISKY
THE NINE DRAGONS COLLECTION
LOCH LOMOND
SINGLE MALT SCOTCH WHISKY
THE NINE DRAGONS COLLECTION
15 YEARS OLD 2007
LOCH LOMOND
SINGLE MALT SCOTCH WHISKY
THE NINE DRAGONS COLLECTION
14 YEARS OLD 2008
LOCH LOMOND
SINGLE MALT SCOTCH WHISKY
THE NINE DRAGONS COLLECTION
25 YEARS OLD 1998

"竹林七贤"系列苏格兰单一麦芽威士忌

7支，700mL/支

1. 嵇康：入桶时间：1990年11月20日　桶型：波本桶　桶编号：88　装瓶数：150　51.4%vol
2. 阮籍：入桶时间：1991年11月25日　桶型：波本桶　桶编号：88　装瓶数：147　50.1%vol
3. 山涛：入桶时间：2003年10月23日　桶型：波本桶　桶编号：88　装瓶数：255　55.1%vol
4. 阮咸：入桶时间：2007年03月29日　桶型：波本桶　桶编号：88　装瓶数：266　52.5%vol
5. 向秀：入桶时间：2009年01月23日　桶型：波本桶　桶编号：88　装瓶数：287　56.9%vol
6. 刘伶：入桶时间：2009年12月09日　桶型：波本桶　桶编号：88　装瓶数：216　59.1%vol
7. 王戎：入桶时间：2010年10月17日　桶型：波本桶　桶编号：88　装瓶数：353　58.2%vol

中国嘉德　2023-06-14　Lot 3632

估价：25 000—35 000元

成交价：40 250元

米顿道夫12年单桶、高原骑士13年单桶、克莱格拉齐2002年产单桶威士忌

18支，700mL/支

1. 米顿道夫12年单桶　装瓶时间：2021年3月

桶型：波本桶　桶编号：83900017

装瓶数：601瓶　54.7%vol

2. 高原骑士13年单桶　装瓶时间：2020年11月

桶型：波本桶　桶编号：501712410

装瓶数：312瓶　54.3%vol

3. 克莱格拉齐2002年产单桶　装瓶时间：2019年11月4日

桶型：波本桶　桶编号：900599

装瓶数：140瓶　52.3%vol

中国嘉德　2023-06-14　Lot 3680

估价：25 000—30 000元

成交价：28 750元

苏格登-奥什罗斯克1983年产苏格兰单一麦芽威士忌

1支，700mL/支　40%vol

入桶时间：1983年　桶型：雪莉桶

中国嘉德 2023-11-30 Lot 4040

估价：1 000—2 000元

成交价：3 450元

苏格登丰味臻藏系列30年苏格兰单一麦芽威士忌

1支，700mL/支　48.4%vol

装瓶时间：2022年　桶型：橡木桶　装瓶数：3858

中国嘉德 2023-11-30 Lot 4039

估价：1 000—2 000元

成交价：6 900元

塔木岭格兰威特1968年产苏格兰单一麦芽威士忌

1支，750mL/支　40%vol

入桶时间：1968年　装瓶数：666

中国嘉德 2023-11-30 Lot 4044

估价：1 000—2 000元

成交价：5 750元

塔木岭格兰威特1970年产苏格兰单一麦芽威士忌

1支，750mL/支　40%vol

入桶时间：1970年

中国嘉德 2023-11-30 Lot 4043

估价：1 000—2 000元

成交价：6 900元

苏格兰单一麦芽威士忌

6支，4500mL/支

1. 阿贝乌干达 54.2%vol
2. 阿贝10年 46%vol
3. 格兰多纳12年 43%vol
4. 麦卡伦12年三桶 40%vol
5. 麦卡伦12年雪莉桶 40%vol
6. 本利亚克12年 43%vol

中国嘉德 2023-11-30 Lot 4076

估价：64 000 —80 000元

成交价：73 600元

特睿谷高地三桶、特睿谷12年威士忌

24支，700mL/支

1. 桶型：波本桶、美国橡木桶、雪莉桶　44%vol
2. 桶型：欧洲橡木桶、美国橡木桶　46%vol

中国嘉德 2023-11-30 Lot 4119

估价：5 000 —10 000元

成交价：10 350元

托本莫瑞21年苏格兰单一麦芽威士忌

1支，700mL/支　46.3%vol
装瓶时间：2017年10月31日　陈年：21年
桶型：欧罗索雪莉桶
中国嘉德　2023-11-30　Lot 4045
估价：1 000—2 000元
成交价：3 450元

云顶业主桶1997年产22年苏格兰单一麦芽威士忌

1支，700mL/支　55.4%vol
入桶时间：1997年5月　装瓶时间：2020年1月
陈年：22年　桶编号：582
中国嘉德　2023-11-30　Lot 4048
估价：1 000—2 000元
成交价：6 900元

朱拉1988年产27年苏格兰单一麦芽威士忌

1支，700mL/支　52.4%vol
入桶时间：1988年4月　装瓶时间：2015年12月
陈年：27年　桶型：猪头桶　桶编号：750
中国嘉德　2023-11-30　Lot 4046
估价：1 000—2 000元
成交价：3 450元

朱拉1988年产苏格兰单一麦芽威士忌

1支，700mL/支　59.98%vol
入桶时间：1988年11月1日　装瓶时间：2007年5月1日
桶编号：1796　装瓶数：337/586
中国嘉德　2023-11-30　Lot 4047
估价：1 000—2 000元
成交价：4 600元

最后一滴50年限量版苏格兰调和威士忌

1支，700mL/支 、1支，50mL/支　48.7%vol

装瓶时间：2021年4月19日　陈年：50年

桶型：橡木桶　装瓶数：086/500

中国嘉德　2023-06-14　Lot 3630

估价：48 000 —60 000元

成交价：55 200元

轻井泽三十六景1—5景单一麦芽威士忌

5支，700mL/支

1. 神奈川冲浪里　700mL/支　61.0%vol
2. 东都浅草本愿寺　700mL/支　59.5%vol
3. 相州七里滨　700mL/支　60.5%vol
4. 山下白雨　700mL/支　60.1%vol
5. 东海道金谷　700mL/支　59.2%vol

中国嘉德　2023-06-14　Lot 3550

估价：200 000 —250 000元

成交价：230 000元

轻井泽三十六景1—36景单一麦芽威士忌

36支，700mL/支

酒精度数不一

中国嘉德 2023-06-14 Lot 3551

估价：1 100 000—1 300 000元

成交价：1 265 000元

轻井泽三十六景第36景凯风快晴单一麦芽威士忌

2支，700mL/支　60.8%vol

入桶时间：1999年、2000年

中国嘉德　2023-06-14　Lot 3508

估价：80 000 —100 000元

成交价：92 000元

轻井泽三十六景第34景远江山中单一麦芽威士忌

2支，700mL/支　61.4%vol

入桶时间：1999年、2000年

中国嘉德　2023-06-14　Lot 3507

估价：65 000 —80 000元

成交价：74 750元

轻井泽繁花艺伎系列威士忌

8支，700mL/支

中国嘉德 2023-11-30 Lot 3934

估价：250 000—300 000元

成交价：287 500元

轻井泽Asama浅间单一麦芽威士忌

1支，700mL/支　46%vol
入桶时间：1999-2000年
装瓶时间：2012年　桶型：欧洲橡木雪莉桶
中国嘉德　2023-11-30　Lot 4121
估价：5 000—10 000元
成交价：6 900元

轻井泽14年单一麦芽威士忌

1支，700mL/支　61.3%vol
入桶时间：1999年3月30日　装瓶时间：2013年8月5日
陈年：14年　桶编号：2316
中国嘉德　2023-06-14　Lot 3504
估价：30 000—40 000元
成交价：34 500元

轻井泽“虎”1985年产单一麦芽威士忌

1支，700mL/支　58.9%vol
入桶时间：1985年　装瓶时间：2010年
桶型：雪莉桶　桶编号：2541　装瓶数：574
中国嘉德　2023-06-14　Lot 3511
估价：85 000—100 000元
成交价：97 750元

轻井泽15年百分百麦芽威士忌

3支，700mL/支、1支，720mL/支　40%vol、43%vol
陈年：15年
中国嘉德　2023-06-14　Lot 3505
估价：40 000—60 000元
成交价：109 250元

轻井泽8年天使标单一麦芽威士忌

1支，700mL/支　40%vol

桶型：波本桶、雪莉桶

中国嘉德 2023-06-14 Lot 3674

估价：15 000 —30 000元

成交价：17 250元

轻井泽富士山1981年单一麦芽威士忌

1支，700mL/支　54.5%vol

入桶时间：1981年　装瓶时间：2012年　陈年：31年

桶型：雪莉桶　桶编号：7982　装瓶数：359、407

中国嘉德 2023-06-14 Lot 3509

估价：80 000 —100 000元

成交价：92 000元

轻井泽浅间10年、15年威士忌

2支，300mL/支　40%vol、40%vol

中国嘉德 2023-06-14 Lot 3676

估价：38 000 —50 000元

成交价：43 700元

轻井泽长期贮藏原酒12年单一麦芽威士忌

1支，700mL/支　40%vol

陈年：12年

中国嘉德 2023-11-30 Lot 3901

估价：1 000 —2 000元

成交价：9 200元

轻井泽花鸟绘系列2000年产单一麦芽威士忌

4支，700mL/支

1. 莺与垂樱　蒸馏时间：2000年　装瓶时间：2018年　桶型：雪莉桶　桶编号：7377　装瓶数：498 酒精度：61.6%vol

2. 燕与紫阳花　蒸馏时间：2000年　装瓶时间：2018年　桶型：雪莉桶　桶编号：7550　装瓶数：514 酒精度：62.2%vol

3. 文鸟与辛夷花　蒸馏时间：2000年　装瓶时间：2018年　桶型：雪莉桶　桶编号：507　装瓶数：483 酒精度：62.9%vol

4. 黄鸟与长春　蒸馏时间：2000年　装瓶时间：2018年　桶型：雪莉桶　桶编号：7608　装瓶数：479 酒精度：62%vol

中国嘉德 2023-06-14 Lot 3539

估价：130 000—150 000元

成交价：149 500元

轻井泽艺伎1990年产单一麦芽威士忌

1支，700mL/支　60.6%vol
入桶时间：1990年　装瓶时间：2016年
桶型：雪莉桶　桶编号：7402 装瓶数：486
中国嘉德　2023-06-14　Lot 3506
估价：50 000 —80 000元
成交价：57 500元

羽生单一麦芽威士忌

1支，700mL/支　56.6%vol
入桶时间：2000年　装瓶时间：2016年
桶型：红酒桶　桶编号：359
中国嘉德　2023-06-14　Lot 3499
估价：35 000 —40 000元
成交价：40 250元

轻井泽长期贮藏原酒12年单一麦芽威士忌

1支，700mL/支　40%vol
陈年：12年
中国嘉德　2023-06-14　Lot 3479
估价：1 000 —2 000元
成交价：20 700元

轻井泽贮藏8、12年百分百麦芽威士忌

2支，700mL/支　40%vol
陈年：8年、12年
中国嘉德　2023-11-30　Lot 3902
估价：1 000 —2 000元
成交价：17 250元

羽生15年威士忌

1支，700mL/支　46.5%vol
装瓶数：3710瓶
中国嘉德　2023-11-30　Lot 4123
估价：5 000 —10 000元
成交价：10 350元

轻井泽贮藏12年百分百麦芽威士忌

2支，700mL/支　40%vol
陈年：12年
中国嘉德　2023-06-14　Lot 3478
估价：1 000 —2 000元
成交价：40 250元

羽生桶强调和威士忌

1支，700mL/支　61%vol

桶型：水楢桶

中国嘉德　2023-06-14　Lot 3498

估价：22 000—30 000元

成交价：25 300元

山崎10年樽出原酒威士忌

2支，500mL/支　57%vol

装瓶号：09076. 10823

中国嘉德　2023-06-14　Lot 3493

估价：14 000—20 000元

成交价：16 100元

秩父“ON　THE　WAY”系列2019年产单一麦芽威士忌

1支，700mL/支　51.5%vol

装瓶数：4561/11000

中国嘉德　2023-11-30　Lot 3899

估价：1 000—2 000元

成交价：2 300元

山崎10年、12年、18年单一麦威士忌

1支，750mL/支、1支，660mL/支、1支，700mL/支

1.山崎10年纯麦威士忌　40%vol

2.山崎“渡边美树”12年单一麦芽威士忌　43%vol

3.山崎18年单一麦芽威士忌　43%vol

中国嘉德　2023-11-30　Lot 3892

估价：1 000—2 000元

成交价：13 800元

山崎55年单一麦芽威士忌

1支，700mL/支　46%vol

山崎55年是三得利为庆祝日本2020年第32届东京夏季奥运会而推出的，之所以其中最年轻的原酒蒸馏于1964年，是因为上一次日本东京举办夏季奥运会就是在1964年（第18届夏季奥运会），因此山崎55年的推出实际上是为了纪念日本时隔55年再次成为夏季奥运会主办国。

瓶编号：F109C　陈年：55年　装瓶数：100

中国嘉德　2023-06-14　Lot 3554

估价：3 950 000—4 200 000元

成交价：4 542 500元

THE YAMAZAKI
SINGLE MALT
JAPANESE WHISKY
山崎
AGED 55 YEARS
70 cl alc. 46% vol.
THE YAMAZAKI
SINGLE MALT
JAPANESE WHISKY
山崎
AGED 55 YEARS
70 cl alc. 46% vol.

山崎50年单一麦芽威士忌

1支，700mL/支　57%vol

装瓶时间：2011年　陈年：50年　桶型：水楢桶　装瓶数：150

中国嘉德 2023-11-30 Lot 3936

估价：2 000 000—2 500 000元

成交价：2 300 000元

山崎12年、白州12年威士忌

12支，700mL/支

1. 山崎12年（6支）桶型：美国白橡木桶、雪莉桶、水楢桶　43%vol

2. 白州12年（6支）桶型：美国白橡木桶　43%vol

中国嘉德　2023-06-14　Lot 3663

估价：31 000 —50 000元

成交价：37 950元

山崎12年单一麦芽威士忌

10支，700mL/支　43%vol

陈年：12年

中国嘉德　2023-11-30　Lot 3907

估价：10 000 —20 000元

成交价：20 700元

山崎12年单一麦芽威士忌

36支，700mL/支　43%vol

陈年：12年

中国嘉德　2023-06-14　Lot 3475

估价：1 000 —2 000元

成交价：97 750元

山崎12年金花标威士忌
2支，750mL/支　43%vol
中国嘉德　2023-06-14　Lot 3660
估价：10 000 —20 000元
成交价：11 500元

山崎18年、白州18年单一麦芽威士忌
2支，700mL/支　43%vol
陈年：18年
中国嘉德　2023-11-30　Lot 3894
估价：1 000 —2 000元
成交价：17 250元

山崎18年单一麦芽威士忌
1支，700mL/支　43%vol
陈年：18年
中国嘉德　2023-11-30　Lot 3912
估价：8 000 —15 000元
成交价：10 350元

山崎18年单一麦芽威士忌
18支，700mL/支　43%vol
陈年：18年
中国嘉德　2023-06-14　Lot 3472
估价：1 000 —2 000元
成交价：172 500元

山崎18年限量版单一麦芽威士忌

1支，700mL/支　43%vol

获奖记录：2005年、2008年、2009年、2010年 SWSC旧金山国际烈酒大赛双金奖，2006年、2011年IWSC国际葡萄酒及烈酒大赛优胜奖，2007年、2010年ISC国际烈酒挑战赛金牌奖，2011年SWSC旧金山世界烈酒大赛最佳威士忌奖。

陈年：18年

中国嘉德　2023-11-30　Lot 3890

估价：1 000 —2 000元

成交价：8 050元

山崎1923年产蒸馏厂珍藏单一麦芽威士忌

12支，700mL/支　43%vol

中国嘉德　2023-11-30　Lot 3904

估价：1 000 —2 000元

成交价：13 800元

山崎2014年产限量版单一麦芽威士忌

2支，700mL/支　43%vol

中国嘉德　2023-11-30　Lot 3921

估价：40 000 —50 000元

成交价：46 000元

山崎2015年产限量版单一麦芽威士忌

1支，700mL/支　43%vol

中国嘉德　2023-11-30　Lot 3886

估价：1 000 —2 000元

成交价：4 600元

山崎2017年产限量版单一麦芽威士忌

1支，700mL/支　43%vol

装瓶时间：2017年

中国嘉德　2023-11-30　Lot 3888

估价：1 000 —2 000元

成交价：4 600元

山崎2016年产限量版单一麦芽威士忌

1支，700mL/支　43%vol

中国嘉德　2023-11-30　Lot 3887

估价：1 000 —2 000元

成交价：4 600元

山崎60周年纪念金狮标特级纯麦威士忌

1支，760mL/支　43%vol
装瓶时间：1983年
中国嘉德　2023-11-30　Lot 3916
估价：26 000—35 000元
成交价：36 800元

山崎风味桶2013年产限量版威士忌

3支，700mL/支　48%vol
装瓶时间：2013年
中国嘉德　2023-11-30　Lot 3914
估价：25 000—35 000元
成交价：28 750元

山崎金花版绿标10年单一麦芽威士忌

2支，700mL/支　40%vol
陈年：10年
中国嘉德　2023-11-30　Lot 3891
估价：1 000—2 000元
成交价：6 900元

山崎绿标10年单一麦芽威士忌

6支，700mL/支　40%vol
陈年：10年
中国嘉德　2023-11-30　Lot 3905
估价：1 000—2 000元
成交价：17 250元

山崎首版双狮标纯麦威士忌

1支，760mL/支 43%vol

中国嘉德 2023-11-30 Lot 3893

估价：1 000—2 000元

成交价：5 750元

山崎双狮标金花12年纯麦威士忌（20世纪80年代木盒）

1支，750mL/支、1支，760mL/支 43%vol

陈年：12年

中国嘉德 2023-06-14 Lot 3494

估价：18 000—30 000元

成交价：32 200元

山崎水楢桶18年、白州18年百年纪念版单一麦芽威士忌

2支，700mL/支 48%vol

陈年：18年

中国嘉德 2023-11-30 Lot 3913

估价：10 000—40 000元

成交价：32 200元

山崎限量版“职魂之作Tsukuriwake 2022”威士忌

4支，700mL/支 48%vol

桶型：邦穹桶、泥煤麦芽、西班牙橡木桶、水楢桶

中国嘉德 2023-06-14 Lot 3664

估价：59 000—70 000元

成交价：67 850元

山崎至精艺术原酒2008—2009年单一麦芽威士忌

3支，500mL/支

1. 蒸馏时间：2008年　装瓶时间：2019年　桶型：雪莉桶

酒精度：53%vol

2. 蒸馏时间：2009年　装瓶时间：2019年　桶型：西班牙橡木桶

酒精度：56%vol

3. 蒸馏时间：2009年　装瓶时间：2019年　桶型：蒙蒂利亚桶

酒精度：55%vol

中国嘉德 2023-11-30 Lot 3889

估价：1 000 —2 000元

成交价：9 200元

响2022樱花威士忌

6支，700mL/支　43%vol

桶型：樱花木桶

中国嘉德 2023-06-14 Lot 3667

估价：20 000 —50 000元

成交价：25 300元

响21年花鸟风月系列调和威士忌

2支，700mL/支　43%vol

陈年：21年

中国嘉德 2023-11-30 Lot 3895

估价：1 000 —2 000元

成交价：10 350元

响21年调和威士忌

12支，700mL/支　43%vol

陈年：21年

中国嘉德 2023-06-14 Lot 3474

估价：1 000 —2 000元

成交价：80 500元

响和风醇韵、山崎1923．白州1973威士忌

18支，700mL/支　43%vol、43%vol、43%vol

中国嘉德 2023-06-14 Lot 3662

估价：28 000 —30 000元

成交价：34 500元

响21年调和威士忌

6支，700mL/支　43%vol

陈年：21年

中国嘉德 2023-11-30 Lot 3896

估价：1 000 —2 000元

成交价：25 300元

响大师精选樱花限量版调和威士忌

12支，700mL/支　43%vol

桶型：雪莉桶

中国嘉德 2023-06-14 Lot 3473

估价：1 000 —2 000元

成交价：51 750元

响大师精选樱花限量版调和威士忌

2支，700mL/支　43%vol

桶型：雪莉桶

中国嘉德 2023-11-30 Lot 3897

估价：1 000 —2 000元

成交价：10 350元

响大师精选樱花限量版调和威士忌

1支，700mL/支　43%vol

桶型：雪莉桶

中国嘉德 2023-11-30 Lot 3910

估价：5 000 —6 000元

成交价：5 750元

响30年首版金花标观音盒威士忌

1支，700mL/支　43%vol

陈年：30年　瓶编号：23683

中国嘉德 2023-11-30 Lot 4081

估价：30 000 —50 000元

成交价：48 300元

响调酒师精选红酒桶调和威士忌

12支，700mL/支　43%vol

中国嘉德　2023-11-30　Lot 3906

估价：1 000 —2 000元

成交价：17 250元

响樱花BLOSSOM　HARMONY2021年、2023年限定调和威士忌

2支，700mL/支　43%vol

中国嘉德　2023-11-30　Lot 3898

估价：5 000 —7 000元

成交价：5 750元

日本有田烧古伊万里纹样花笼瓷瓶特级调和型威士忌

1支，660mL/支　43%vol

中国嘉德　2023-11-30　Lot 4124

估价：1 000 —5 000元

成交价：6 900元

三得利“寿”龙年限定版老牌调和威士忌

1支，700mL/支 、1支，760mL/支　40%vol、43%vol

中国嘉德 2023-11-30 Lot 3882

估价：1 000 —2 000元

成交价：3 450元

三得利“寿”十二生肖限定版老牌调和威士忌

5支，750mL/支、7支，700mL/支　43%vol、40%vol

中国嘉德 2023-06-14 Lot 3476

估价：1 000 —2 000元

成交价：28 750元

三得利“寿”调和精选威士忌
1支，700mL/支　43%vol
中国嘉德　2023-06-14　Lot 3880
估价：1 000 —2 000元
成交价：2 300元

三得利2018年产狗年ROYAL限定版调和威士忌
2支，600mL/支　43%vol
中国嘉德　2023-11-30　Lot 3881
估价：1 000 —2 000元
成交价：3 450元

三得利2020年产至精系列威士忌
3支，500mL/支　50%vol、56%vol
中国嘉德　2023-11-30　Lot 3883
估价：1 000 —2 000元
成交价：3 450元

三得利MIBUKI光吹调和威士忌
2支，190mL/支　43%vol
中国嘉德　2023-11-30　Lot 3885
估价：1 000 —2 000元
成交价：2 300元

三得利2022年产虎年限定版老牌调和威士忌

12支，700mL/支　43%vol
中国嘉德　2023-11-30　Lot 3903
估价：1 000 —2 000元
成交价：5 750元

白州“山崎酒厂100周年”限定单一麦芽威士忌

2支，700mL/支　43%vol
中国嘉德　2023-11-30　Lot 3908
估价：3 000 —5 000元
成交价：5 750元

安积蒸馏所2016年产单一麦芽威士忌

1支，700mL/支　62%vol
入桶时间：2016年10月6日　桶型：波本桶　桶编号：6216
中国嘉德　2023-11-30　Lot 3900
估价：1 000 —2 000元
成交价：1 150元

三得利鸟瓶老牌威士忌

6支，700mL/支　43%vol
中国嘉德　2023-06-14　Lot 3477
估价：1 000 —2 000元
成交价：17 250元

三得利威望水晶瓶25年调和威士忌

1支，750mL/支　43%vol
中国嘉德　2023-11-30　Lot 3884
估价：1 000 —2 000元
成交价：5 750元

富士50周年纪念限定单一麦芽威士忌

1支，700mL/支　52%vol
装瓶数：1245
中国嘉德　2023-11-30　Lot 3909
估价：5 000 —6 000元
成交价：6 900元

拍卖公司信息

中国嘉德国际拍卖有限公司
地址：北京市东城区王府井大街1号嘉德艺术中心三层
电话：010-85928288
传真：010-85928289
邮箱：mail@cguardian.com

北京保利国际拍卖有限公司
地址：北京市东城区朝阳门北大街1号新保利大厦三层
电话：010-64083188
传真：010-64083186
邮箱：copyright @ www.polypm.com.cn

北京永乐国际拍卖有限公司
地址：北京市朝阳区朝阳公园南路10号院
骏豪·中央公园广场A2座6层
电话：010-87095988
邮箱：vip@yongleauction.com

广州华艺国际拍卖有限公司
地址：广州市越秀区东湖路125号
电话：020-87306600
传真：020-87306611
邮箱：sh@hollypm.com.cn

中贸圣佳国际拍卖有限公司
地址：北京市朝阳区酒仙桥路4号798艺术区A04栋三层
电话：010-64156669
传真：010-64166843
邮箱：webmaster@chinasungari.com

北京荣宝拍卖有限公司
地址：北京西城区琉璃厂西街36号
电话：010-83159597
传真：010-83159598
邮箱：rongbao@art139.com

西泠印社拍卖有限公司
地址：浙江省杭州市清吟街127号（王文韶大学士故居）
邮编：310003
电话：0571-87896778
传真：0571-87812600
邮箱：xlpm@xlysauc.com